中华人民共和国
气象法规汇编

2019

中国气象局政策法规司　编

气象出版社
China Meteorological Press

图书在版编目(CIP)数据

中华人民共和国气象法规汇编. 2019 / 中国气象局政策法规司编. — 北京 ：气象出版社，2020.12

ISBN 978-7-5029-7347-6

Ⅰ.①中… Ⅱ.①中… Ⅲ.①气象法-法规-汇编-中国-2019 Ⅳ.①D922.179

中国版本图书馆 CIP 数据核字(2020)第 245975 号

中华人民共和国气象法规汇编 2019

Zhonghua Renmin Gongheguo Qixiang Fagui Huibian 2019

出版发行:气象出版社(内部发行)
地　　址:北京市海淀区中关村南大街 46 号　　**邮政编码**:100081
电　　话:010-68407112(总编室)　010-68408042(发行部)
网　　址:http://www.qxcbs.com　　**E-mail**: qxcbs@cma.gov.cn
责任编辑:陈　红　　**终　　审**:吴晓鹏
责任校对:张硕杰　　**责任技编**:赵相宁
封面设计:詹　辉
印　　刷:三河市百盛印装有限公司
开　　本:850mm×1168mm　1/32　　**印　　张**:8
字　　数:194 千字
版　　次:2020 年 12 月第 1 版
印　　次:2020 年 12 月第 1 次印刷
定　　价:30.00 元

本书如存在文字不清、漏印以及缺页、倒页、脱页等，请与本社发行部联系调换

前　　言

为了适应气象法治建设和气象依法行政工作的需要，根据国务院《法规汇编编辑出版管理规定》和《中国气象局职能配置、内设机构和人员编制规定》确定的职责分工，中国气象局政策法规司于1987年起定期出版《中华人民共和国气象法规汇编》（以下简称《汇编》）。

本《汇编》收集了2019年1月1日至2019年12月31日发布的，并在2019年12月31日前仍然有效的气象部门重要的政策性文件及气象地方性法规和地方政府规章共27件。其中气象部门政策性文件24件，气象地方性法规和地方政府规章3件。

2019年1月1日至2019年12月31日应予废止的气象方面规章和规范性文件10件，列出目录，附在其后。

在本《汇编》中收录的气象法规、规章以及重要的政策性文件目录先按照分类，然后按照发布实施的时间顺序排列。对规范的内容基本维持原状，仅对少数法规中的附录、附件部分进行了省略，并校正了有错误的用词、用字和标点。

本《汇编》在编辑过程中，得到中国气象局职能机构和各省、自治区、直辖市气象局的支持和协助，在此谨表谢意。

中国气象局政策法规司

2020年6月

目　录

地方性法规和地方政府规章

政策性文件

中共中国气象局党组关于贯彻落实《关于深化中央纪委国家监委派驻机构改革的意见》的实施方案

（中气党发〔2019〕15 号）

2019 年 1 月 31 日

为认真贯彻《关于深化中央纪委国家监委派驻机构改革的意见》（以下简称《意见》）和中央纪委领导同志讲话精神，切实做好驻部纪检监察组关于工作联系协调机制等相关任务要求的落实，共同推进派驻机构改革取得实效，现结合气象部门工作实际，提出如下方案。

一、总体要求

深化中央纪委国家监委派驻机构改革，制定出台《意见》，是深入学习贯彻习近平新时代中国特色社会主义思想和党的十九大精神，深入推进全面从严治党向纵深发展，健全党和国家监督体系的重要举措，中国气象局党组坚决贯彻执行中央的决策部署，树牢“四个意识”，坚定“四个自信”，坚决做到“两个维护”，认真履行全面从严治党主体责任，进一步增强主动接受监督的政治意识，紧密结合党章规定的党组职责任务和气象部门实际，认真落实改革要求，严格执行联系协调机制工作部署，全力保障派驻机构改革任务在气象部门落地见效。

二、坚决落实“两个维护”，切实履行管党治党政治责任

1. 建立贯彻落实习近平总书记重要指示和党中央、国务院决策部署相关制度。2019 年，研究制定局党组贯彻落实党中央、国务院领导重要批示指示精神和党中央、国务院重大决策部署、重大战略气象服务保障工作相关制度，梳理健全工作流程，按照工作内容和要求确定牵头内设机构，制订工作计划，形成责任明确、要求具体、分工负责、归口管理的工作机制；强化责任落实过程管理和督办，确保各项任务按时保质完成。按照《中国共产党党组工作条例》要求，重大事项及时向党中央请示报告。

2. 严格执行主体责任清单制度。认真执行中国气象局领导班子成员全面从严治党主体责任清单，领导班子成员要切实做到每人心中都有一本明白账，都能经常自觉对标对表中央的要求，自我检查落实管党治党政治责任情况。2019 年初，机关党委牵头组织进一步修订完善清单的职责和年度任务。每年年底前，领导班子成员要将清单职责任务落实情况（本人履行主体责任情况、分管部门政治生态情况、本人廉政状况等）向驻部纪检监察组报告。认真履行协助局党组推进全面从严治党的职责，深化运用监督执纪“四种形态”，加强信访检查、执纪检查、案件检查，实现思想教育、政策感化、纪法震慑相结合，始终把纪律和规矩挺在前面，坚决遏制增量，有效减少存量，巩固发展反腐败压倒性胜利，建立良好政治生态。各级党组织和组织人事部门对包括处级及以下干部在内的公职人员开展廉政教育，对其依法履职、秉公用权、廉洁从政从业以及道德操守等情况强化监督检查。

3. 开展形式主义、官僚主义问题排查。围绕落实习近平总书记重要指示精神，重点集中排查整治形式主义、官僚主义问题。在贯彻落实党的路线方针政策和党中央、国务院重大决策部署方面，重点整治严重影响党中央权威和集中统一领导、影响中央政令畅通的形式主义、官僚主义的突出问题。在联系群众、服务群众方

面，重点整治群众身边特别是群众反映强烈的形式主义、官僚主义突出问题。在履职尽责、服务经济社会发展方面，重点整治不担当、不作为、慢作为、乱作为、假作为等严重影响改革高质量发展的突出问题。在学风会风文风及检查调研方面，重点整治频次过多过滥、浮于表面等突出问题。

4.认真落实共同研究全面从严治党工作机制。建立局党组与驻部纪检监察组每年的7月份和次年1月份专题研究全面从严治党、党风廉政和反腐败工作的规范化、常态化工作机制，并于每年7月上旬和次年1月中旬前分别向驻部纪检监察组报送半年度和年度落实全面从严治党主体责任的情况。

5.认真做好党内法规的贯彻落实工作。积极推动各项党内法规的贯彻落实，重点是纪律处分条例、问责条例、监督条例、监督执纪工作规则等。认真落实问责条例和局党组制定出台的实施办法，综合运用各种问责方式，追究失职失责党组织和党员领导干部的主体责任、监督责任和领导责任。

三、完善沟通协调机制和重要情况报告制度，严格依规依纪依法开展监督执纪问责

6.建立领导班子会议研究重要问题情况通报制度。及时将审定的中国气象局年度会议计划报送驻部纪检监察组。邀请驻部纪检监察组参加或列席中国气象局党组会、局务会、局长办公会、全面从严治党工作会、党组民主生活会、巡视领导小组会以及全国气象部门三类以上会议等相关会议。中国气象局相关会议研究的重要问题要及时向驻部纪检监察组通报。

7.完善民主生活会情况报告制度。按照中央要求切实开好局党组民主生活会，每年年度生活会召开后及时将局党组民主生活会和局党组领导班子成员参加所在党支部组织生活会情况向驻部纪检监察组报告。切实加强对司局级单位民主生活会、组织生活会的督导检查，对谈心谈话、查摆问题、对照检查以及开展批评与自我批评等重点环节细化要求，明确将上一年度民主生活会整改落实情况，个人家庭及亲属重大事项，巡视反馈、接受组织约谈函询等情况说明要求在民主生活会上逐一报告，切实提高民主生活会和组织生活会质量。各司局级单位的民主生活会方案要提前报驻部纪检监察组，主动接受驻部纪检监察组的“靶向”监督。每年年度生活会后及时将气象部门司局级领导班子成员参加民主生活会和所在党支部组织生活会情况向驻部纪检监察组报告。

8.完善局党组书记日常沟通机制。局党组书记经常与驻部纪检监察组组长就作风建设、廉洁风险、问题线索等情况交换意见。沟通中央组织部对局领导班子成员的考核情况。及时主动报告在工作中发现的班子其他成员和局党组管理的干部违规违纪问题。

9.完善领导班子成员汇报沟通机制。局领导班子成员要不定期与驻部纪检监察组分管组领导就分管领域的党风廉政建设和反腐败工作进行分析研判，提出解决突出问题的措施。及时向驻部纪检监察组抄送领导班子成员在重要会议上的书面讲话和组织开展的重大专题调研报告。

10.完善领导干部谈话制度。中国气象局领导班子成员要对所分管或联系单位的领导班子和领导干部开展廉政谈话。对领导干部出现的苗头性、倾向性问题，应及时进行谈话提醒或约谈，并督促整改。可以受驻部纪检监察组委托，就一些轻微违纪的问题线索进行谈话了解。在对司局级干部的函询回复说明材料签字背书或收到采信抄送函后，党组主要负责同志应及时与被函询的司局级单位主要负责同志谈话，其他领导班子成员应及时与被函询的其他司局级干部谈话，使“红脸出汗”成为常态。

11.建立日常重要事项通报沟通机制。局党组要及时向驻部纪检监察组通报党中央、国务院领导同志对气象部门的批示指示及贯彻落实方案和贯彻落实情况。及时报送审计署对中国气象局的有关审计报告及部门财务检查部署和总结情况报告。及时将中国气象局组织开展的本系统全面从严治党等工作的专项监督检查、内部审计等活动的部署、检查情况和总结报告抄送驻部纪检监察组。要及时提炼总结气象部门推进全面从严治党工作中的突出亮点、特色举措、经验做法和工作成效，每季度向驻部纪检监察组报送一篇综合信息。气象部门司局级干部等人员出国（境）要按照规定程序到驻部纪检监察组备案。发生属于驻部纪检监察组监察对象的公职人员及其近亲属被司法机关采取措施的，或者涉及气象部门履行职责方面的突发或重要情况，要及时向驻部纪检监察组进行书面报告。有关落实党的路线方针政策，党中央、国务院重大决策部署，全面从严治党、中央八项规定精神执行和纠正“四风”问题等方面的文件要及时抄送驻部纪检监察组。

12.完善干部选拔任用沟通机制。在研究司局级干部提拔任用初始提名的动议酝酿环节，由局党组分管干部人事工作的同志或委托人事司主要负责同志就人选建议名单听取驻部纪检监察组组长的意见。按照相关工作程序要求，由人事司负责归口办理干部党风廉政情况征求驻部纪检监察组意见工作。邀请驻部纪检监察组参加中国气象局直属机关纪委书记、各直属单位纪委书记、各省（区、市）气象局党组纪检组长的考察。对司局级干部拟任人选公示期间的问题线索举报，由人事司组织进行调查核实；涉嫌违纪违法重大问题，由人事司会同驻部纪检监察组共同进行调查。司局级干部的任免通知要及时抄送驻部纪检监察组。

13.建立巡视巡察情况报告制度。抓好中央巡视反馈问题整改和移交线索处置，组织自查自纠、细致排查，逐项抓好落实，确保巡视反馈的问题得到解决，移交的线索得到处置，提出的意见得到落实。主动接受驻部纪检监察组对气象部门巡视巡察工作的指导，落实驻部纪检监察组副组长任局党组巡视工作领导小组副组长相关工作。紧紧抓住政治巡视职能定位，做好本系统巡视工作。坚持有形覆盖和有效覆盖相统一，注重发挥常规巡视、专项巡视、机动巡视的不同优势，建立巡视巡察上下联动的监督网，建立巡视巡察情况报告制度，高质量推动巡视工作向纵深发展。

14. 建立领导干部插手干预重大事项记录报告制度。建立健全中国气象局领导干部插手干预重大事项记录报告制度，重点发现利用职务便利违规插手干预干部选拔任用、项目安排、工程建设、执纪执法、司法活动等问题，并于每季度最后一个月的 20 日前，将情况报送驻部纪检监察组第三纪检监察室。

15. 做好驻部纪检监察组工作建议函的督办落实。建立驻部纪检监察组工作建议函落实工作的归口管理和台账管理机制，建立工作建议函办理情况数据库，实时更新，动态管理。每年年底前，要对年度驻部纪检监察组工作建议函落实情况进行梳理，及时报告完成情况。

16. 强化问题线索处置管理和监督。收到的反映司局级及以上干部的违规违纪违法问题线索，应在收到后 3 个工作日内，将原件径送驻部纪检监察组第一纪检监察室。在对反映处级及以下干部的问题线索进行初核后发现涉嫌违法犯罪线索的，应及时向驻部纪检监察组报告。对反映正处级干部的问题线索，应按照规定办理，并及时向驻部纪检监察组报送办理结果。对驻部纪检监察组交办或转办的问题线索，要按照干部管理权限和工作程序组织办理，并按要求向驻部纪检监察组报送办理结果。指导各纪检机构建立处级及以下干部问题线索专门台账，指导督促各纪检机构及时处置处级及以下问题线索。每季度对线索管理和处置情况进行一次汇总核对和综合研判。

17. 建立党纪处分征求意见和备案制度。机关党委、机关纪委审查审理的案件，在报局党组作出党纪处分决定前，应征求驻部纪检监察组的意见。机关纪委查办的处级及以下干部给予重处分以上违纪案件报中央和国家机关纪检监察工委备案。每个季度最后一个月的 20 日前，统计汇总问题线索处置和案件、党政纪处理情况，径送驻部纪检监察组第一纪检监察室。每月 25 日前，统计汇总收到的违反中央八项规定精神问题线索处置和案件处理等情况，径送驻部纪检监察组第一纪检监察室。

18.加强对谈话函询了结问题线索的监督检查。按全年不少于 5%的比例对中国气象局机关和各直属单位谈话函询了结的问题线索进行抽查核实。指导各省（区、市）气象局党组纪检组按全年不少于 5%的比例对谈话函询了结的问题线索进行抽查核实并上报结果。抽查核实工作可结合日常工作开展，也可于每年年初集中组织开展。全国气象部门在职正处级领导干部的谈话函询了结问题线索抽查核实的总体情况要及时报送驻部纪检监察组。

19.摸清监察对象底数。根据驻部纪检监察组专项工作安排，对照监察法规定的六类人员，结合气象部门干部队伍实际，对所管辖各类公职人员进行梳理，摸清监察对象底数，形成名册，明确监督范围，确保所有行使公权力的公职人员都被纳入国家监察范围。2019 年 2 月底前完成。

四、加强组织领导，为顺利推进改革提供组织保障

20.提高政治认识。局党组、领导班子成员和各内设机构务必要从讲政治的高度，认真学习领会中央有关文件和领导讲话精神，真正学懂弄通《意见》的深刻内涵，真正领会深化派驻机构改革的重大意义，切实加强组织领导、统筹协调和监督检查，把思想和行动统一到中央关于改革的总体部署上来，主动配合驻部纪检监察组开展工作，确保气象部门各项改革任务落地见效。

21.认真履行职责。局党组、领导班子成员和各内设机构都要认真履行和落实全面从严治党主体责任，根据职责任务分工，按时保质完成工作任务，各内设机构主要负责人要亲自抓、负总责。各内设机构要细化分解任务，建立工作台账，明确时间表和具体工作要求，将工作任务落实到处、到人，每个内设机构要明确主抓方案分工任务的司领导和具体联系人，切实加强日常工作的推进落实和协调联络。

22.积极协调配合。对涉及跨领域、多部门参与的工作，牵头单位要发挥主导作用，主动负责、提前谋划、加强组织、积极协调。参与单位都要切实履职尽责，主动配合牵头单位开展工作，参与单位之间要加强日常的沟通协调，共同推动相关任务落实，切实提高工作的主动性和实效性。

23.强化监督力量。进一步强化机关纪委的专责监督、职能部门的职能监督、基层组织的日常监督和党员民主监督的中国气象局党内监督体系。不断强化机关纪委的专责监督职能，尽快增加并配齐配强专职监督力量。将纪检干部培训纳入气象干部培训学院（气象局党校）培训计划，通过多种方式不断提高纪检干部业务能力和水平。

24.主动接受驻部纪检监察组的监督和指导。认真落实中国气象局与驻部纪检监察组工作联系协调机制。邀请驻部纪检监察组到气象部门进行专项检查、专题调研、座谈交流，对纪检工作开展业务指导和监督。积极选派纪检干部参加驻部纪检监察组组织的集中培训和纪律审查等工作，不断强化纪检干部的专业素质。

中共中国气象局党组关于以政治建设为统领加强气象部门党的建设的行动计划

（中气党发〔2019〕68号）

2019年8月23日

为深入贯彻落实《中共中央关于加强党的政治建设的意见》《关于加强和改进中央和国家机关党的建设的意见》及习近平总书记在中央和国家机关党的建设工作会议上的重要讲话精神，结合气象部门实际，制订本行动计划。

一、总体要求

以政治建设为统领，加强气象部门党的建设，是落实新时代党的建设总要求、推进气象部门全面从严治党向纵深发展的客观需要，是彰显新时代气象事业政治属性的内在要求，是实现气象事业高质量发展、做好气象服务保障工作的根本保证。以政治建设为统领，加强气象部门党的建设，必须以习近平新时代中国特色社会主义思想为指导，增强“四个意识”，坚定“四个自信”，坚决做到“两个维护”；必须强化党的领导、坚定政治信仰、提高政治能力、净化政治生态；必须强化政治担当、履职尽责，推进党的建设与业务工作深度融合、相互促进，努力建设让党中央放心、让人民群众满意的模范机关，为实现气象事业高质量发展提供坚强的政治保证。

二、强化党的领导，坚决做到“两个维护”

1.坚决做到“两个维护”。教育引导党员干部从历史和现实、理论和实践、国内和国际的结合上深刻认识、强化认同，不断增强拥护核心、跟随核心、捍卫核心的思想自觉政治自觉行动自觉。把“两个维护”体现在坚决贯彻党中央决策部署的行动上，体现在履职尽责、做好本职工作的实效上，体现在党员、干部的日常言行上，始终同以习近平同志为核心的党中央保持高度一致，做到党中央提倡的坚决响应、党中央决定的坚决执行、党中央禁止的坚决不做。建立落实习近平总书记重要指示批示精神和党中央国务院有关气象工作重大决策部署的台账，并强化监督检查。认真贯彻落实《中国共产党重大事项请示报告条例》，重要工作及时向上级党组织请示报告。

2.完善党对气象工作的领导体制。健全党组统筹领导气象事业发展改革重要事项的体制机制，研究改进和完善党对县级气象工作的领导。认真贯彻《中国共产党党组工作条例》，修订党组工作规则。完善法人单位领导班子和基层党组织议事规则和决策程序。

3.改进党的领导方式。认真贯彻执行民主集中制各项制度，明确细化集体领导事权和“三重一大”事项，列出具体清单并根据需要动态调整，提高民主决策、依法决策和科学决策水平，严格执行分工负责制，切实做到“四个服从”。落实党组（党委）领导班子成员基层党支部联系点制度和党员干部直接联系群众制度。健全和完善领导干部定期接待群众来访制度。改进调查研究，及时解决和回应基层诉求。加强气象法治建设，推进气象法和配套法规规章的修订完善，强化标准化管理，全面推行行政执法公示制度、执法全过程记录制度和重大执法决定审核制度。

三、坚定政治信仰，把准气象事业发展的政治方向

1.深入学习贯彻习近平新时代中国特色社会主义思想，坚定

“四个自信”。深入学习贯彻习近平新时代中国特色社会主义思想，着力在学懂弄通做实上下功夫。在理论学习上，要坚持自觉主动学、及时跟进学、联系实际学和笃信笃行学。扎实开展“不忘初心、牢记使命”主题教育，积极推进“两学一做”学习教育常态化制度化，深化理想信念教育，加强中国特色社会主义和中国梦宣传教育，开展党史、国史、改革开放史和社会主义发展史教育。健全各级党组（党委）中心组学习制度，提高学习质量和效果，充分发挥领学促学作用。实施青年理论学习提升工程，成立青年理论学习小组，评选青年学习标兵。充分利用“学习强国”、气象远程教育网和部门媒体等平台，创新学习形式，提升学习效果。

2.落实意识形态工作责任制。各级党组（党委）要加强对意识形态工作的领导，严格落实意识形态工作责任制，确保业务工作体现意识形态工作要求、维护意识形态安全。加强意识形态阵地建设和管理，特别要把抓好网络意识形态工作作为重中之重，不断提高用网治网水平。强化忧患意识、风险意识，对容易诱发政治问题特别是重大突发事件的敏感因素、苗头性倾向性问题，及时了解掌握动态，及早处置应对，加强舆论引导。认真落实思想政治工作定期分析报告制度，坚持并完善谈心谈话制度，针对干部职工思想状况，及时有效加以引导。建立健全重大情况党内通报制度。

3.坚持公共气象发展方向。坚持以人民为中心的发展思想，坚决贯彻新发展理念，积极服务党和国家重大战略，全面落实党中央重大决策部署，全力推进气象事业高质量发展，建设中国特色社会主义气象现代化强国。研究建立紧密结合国家战略和民生气象服务需求的调研分析评估业务。围绕气象改革发展重大任务，构建规划设计和项目建设体系，强化气象发展规划研究设计支撑能力。提高政治站位，结合国家需求和科技发展前沿，健全需求牵引、创新驱动、改革推动的气象现代化体系。

4.全面落实党建和业务工作“四同步”机制。各级党组（党委）

必须坚持党建与业务工作同谋划、同部署、同推进、同考核，建立健全相关工作机制。找准党建和业务工作的结合点，围绕中心抓党建、抓好党建促业务，使党建和业务工作的各项举措在部署上相互融合、在实施中相互促进。把党建工作任务纳入年度目标考核并增加权重，强化考核结果应用。广泛开展抓党建和业务相互融合示范建设，以点带面，不断提高党建工作质量。

四、提高政治能力，强化气象事业高质量发展的组织保障

1. 强基固本，落实支部工作条例。落实《中国共产党支部工作条例（试行）》，坚持大抓基层、大抓支部，推进支部标准化规范化建设。进一步健全基层党组织，突出政治功能，规范设置党支部和党小组，做到应建必建全覆盖。严格执行换届选举规定，配齐配强基层党组织领导班子。党支部书记原则上由本部门本单位党员主要负责人担任，履行第一责任人职责。充分发挥党支部在选人用人中的监督作用，党员干部选拔任用、评优评先应听取所在党支部意见。严格执行“三会一课”等制度，确保质量和效果。创新组织生活方式方法，提升组织生活质量。认真落实党支部直接教育党员、管理党员、监督党员的职责。抓好党务公开条例的落实，自觉接受党组织和党员群众的监督。通过开展“两优一先”等评选活动，充分发挥先进典型在党建创新和高质量发展中的引领示范作用。

2. 健全部门全面从严治党组织体系。进一步加强各单位党组（党委）党建工作领导小组的组织领导，强化《中国气象局党组关于加强气象部门党建和党风廉政建设组织体系建设的若干意见》落实。指导落实气象部门基层党建和纪检工作机构；探索通过直接监督、分片监督或指导监督等多种途径，强化市局对县局的监督。各直属单位党委和纪委根据需要增加专职工作力量。

3. 强化党的领导，落实群团组织的政治职责。进一步强化党建带群建工作机制，增强群团组织的政治性、先进性、群众性。强化党对群团工作的领导和保障工作，建立和完善党组（党委）研究决定群团工作重大事项、听取工作汇报制度；建立健全气象部门各级群团组织；用好用活群众工作政策机制和经费渠道。结合实际，常态化做好围绕中心服务大局工作、服务职工群众工作和职工群众政治思想工作。

4.提高党员领导干部政治本领。实施气象部门干部政治能力提升计划，切实提高党员领导干部把握方向、把握大势、把握全局的能力和辨别政治是非、保持政治定力、驾驭政治局面、防范政治风险的能力。加强干部政治能力训练，教育引导党员领导干部既要政治过硬，也要本领高强。加强对干部特别是年轻干部的政治实践历练，注重在贯彻落实党中央决策部署、应对重大斗争和突发事件、完成急难险重任务中提高政治能力。

五、净化政治生态，推进气象部门全面从严治党向纵深发展

1.严肃党内政治生活。严格执行《关于新形势下党内政治生活的若干准则》，增强党内政治生活的政治性、时代性、原则性、战斗性。认真开展谈心谈话，用好批评和自我批评武器，坚持问题导向，扎实推进整改措施落实，提高民主生活会和组织生活会质量。处以上党员领导干部要过好双重组织生活。坚持党员领导干部讲党课制度。认真开展民主评议党员工作。完善重温入党誓词、重温入党志愿书以及党员过“政治生日”等政治仪式。

2.突出政治标准选人用人。坚持正确的选人用人导向，突出政治标准，强化政治把关，严格执行《党政领导干部选拔任用工作条例》，坚持“凡提四必”和“三个不上会”，改进考察方式，探索政治表现考察标准具体化，认真落实领导干部政治素质识别和评价机制，选优配强各级领导班子。做好选人用人进人专项巡视检查和督促整改工作，全面实施选人用人“一报告两评议”制度。

3.持续深化整治“四风”。把落实中央八项规定精神情况作为检验是否树牢“四个意识”、坚定“四个自信”、坚决做到“两个维护”的重要标尺，驰而不息纠正“四风”。以领导干部特别是处以上领导干部为重点，坚决整治在贯彻落实党中央重大决策部署中的形式主义、官僚主义问题。认真抓好中国气象局党组解决形式主义突出问题为基层减负工作。加大对违反中央八项规定精神，特别是“四风”问题新表现的检查和整治力度，突出重点消减存量、零容忍遏制增量。发生“四风”问题的单位领导班子要在民主生活会上对照检查、举一反三，并认真推进整改。

4.严明党的各项纪律。把学习和遵守党章党规党纪作为基础性经常性工作来抓，做到深学细照笃行。把严明党的政治纪律和政治规矩摆在首位，加强日常监督检查，防止“七个有之”，通过严明政治纪律带动党的其他纪律严起来。持续抓好忠诚教育、纪律教育、政治教育、家风教育，坚持开展气象部门党风廉政宣传教育月和集中警示教育活动，深化以案为鉴、以案促改，引导党员干部筑牢拒腐防变的思想道德防线。充分发挥干部监督、财务监督、审计监督等职能监督作用，持续深化政治巡视，强化纪检专责监督职责，不断健全气象部门党内监督体系。做细做实日常监督，特别是要加强对权力、资金、资源集中的重点部门和关键岗位的监督，健全风险防控机制，完善制度体系。深化运用监督执纪“四种形态”特别是第一种形态，抓早抓小、防微杜渐。依规依纪依法重点查处党的十八大以来不收敛、不收手，问题线索反映集中、群众反映强烈，政治问题和经济问题交织的腐败案件。坚持“一案双查”，既要严肃查处违纪人员，又要倒查主体责任和监督责任。

六、担当尽责，高质量落实党的建设各项任务

1.落实领导责任。各级党组(党委)要切实履行抓政治建设、抓全面从严治党和抓机关党建工作的主体责任，发挥把方向、管大局、保落实的领导作用，加强对本单位党的建设和业务工作的领导，确保党的理论和路线方针政策的贯彻落实。要健全和强化党建领导小组，及时研究解决重大问题，充分发挥整合力量、统筹谋划、组织协调和监督落实作用。党建办要积极发挥参谋助手作用，组织协调和推动落实基层党建和党风廉政建设工作；领导小组成员单位要明确和细化职责分工，把工作任务纳入本单位职责范围，履职情况列入年度述职考核内容。党组（党委）书记必须认真履行抓党建第一责任人职责，党组其他成员按照“一岗双责”要求抓好职责范围内党的建设工作。各党支部要围绕服务中心、建设队伍开展工作，发挥对党员的教育、管理、监督作用，将全面从严治党责任延伸到支部和党员。各级纪检机构要切实发挥党内监督专责机关的作用，认真履行监督执纪问责职责。

2.抓住“关键少数”。要坚持抓“关键少数”与管“绝大多数”相结合，重点是抓住各级机关和领导干部，发挥其示范引领作用，注重加强政治历练、积累政治经验、增进政治智慧，做到信念如磐、意志如铁，政治坚定、绝对忠诚，清正廉洁、担当负责，坚决做到“两个维护”，切实在推进党的建设上走在前、作表率。

3.强化制度保障。加强气象部门党的建设，必须把制度建设贯穿其中。要加强学习宣传，坚持以上率下，认真抓好党内法规制度在气象部门的贯彻落实。要对照党内法规制度，注重提炼实践创新经验，逐步构建起务实管用、符合气象部门特点的党建工作制度体系。要加强监督检查，强化制度执行，对党内法规制度执行不力、落实不好、问题突出的要严肃处理。

4.强化监督问责。持续开展党的政治建设督查，严肃查处违反党的政治纪律和政治规矩的问题，确保党中央令行禁止。把党建与业务融为一体、高度统一作为巡视巡察的重要内容，紧盯被巡视巡察党组织的管党治党政治责任落实情况，发现和纠正政治偏差。认真落实党组（党委）书记述职述责述廉制度，把党的建设工作情况纳入述职评议和考核评价体系，落实责任不到位、推进工作不力的要严肃问责。

中国气象局气象科技骨干人才出国访问进修管理实施办法

（气发〔2019〕45 号）

2019 年 6 月 4 日

第一章　总　则

第一条　为贯彻《中共中国气象局党组关于增强气象人才科技创新活力的若干意见》（中气党发〔2017〕25 号）精神，进一步加强气象科技骨干人才出国访问进修（以下简称出国访问进修）的管理和服务，根据国家有关规定，结合气象部门实际，制定本办法。

第二条　出国访问进修旨在围绕气象现代化重点领域，有目的、有计划地选派气象科技骨干赴气象科技先进国家留学和访问进修，或者赴相关国际组织实习，促进国际气象科技合作与交流，培养高层次骨干人才和后备人才，推动气象事业发展。

第三条　本办法适用于气象科技骨干人才中长期（90 天以上）出国访问进修的管理工作，主要包括：

（一）中国气象局与国家留学基金管理委员会合作开展的气象科技骨干人才培养项目（以下简称留学基金项目）。

（二）中国气象局人才培养项目（以下简称气象局项目）。

（三）各省（区、市）气象局、各直属单位（以下简称各单位）自主开展的骨干人才培养项目（以下简称各单位项目）。

（四）国际组织初级专业人员（JPO）项目。

第四条 留学基金项目、气象局项目、JPO项目由中国气象局统筹实施。各单位项目由各单位按照本办法有关要求具体实施。

第二章 选派条件

第五条 选派人员基本条件：

（一）拥护中国共产党领导和中国特色社会主义道路，热爱祖国，热爱气象事业，具有良好的职业道德，工作业绩突出，具有学成回国为气象事业服务的事业心和责任感。

（二）了解气象相关领域科技动态，具有扎实专业基础和良好发展潜力，是所在单位有培养前途的业务、科研或管理骨干。原则上具有本科以上学历，且本科毕业后工作满5年或硕士毕业后工作满2年或博士毕业后工作满1年。高级研究学者申请时年龄一般不超过50周岁，具有高级职称；访问学者申请时年龄一般不超过45周岁；JPO申请时年龄一般不超过32周岁。

对于入选中国气象局人才工程、其他省部级以上人才工程的人选，给予优先选派。

（三）一般应达到国家留学基金资助出国留学人员外语水平及访问进修所赴国家及机构的语言要求。

（四）身心健康，诚实守信。在党纪、政务处分影响期内的不得申请。

第六条 留学基金项目资助期限为高级研究学者3～6个月、访问学者6～12个月。气象局项目和各单位项目的资助期限一般为3～12个月。JPO项目一般为12个月。

第三章　选派程序

第七条　留学基金项目、气象局项目、JPO项目的选派工作分类开展。一般按以下程序进行：

（一）人事司印发年度选派工作通知。

（二）各单位组织个人申报，根据骨干人才培养需要研究提出推荐意见。拟选派人员及相关材料按要求在本单位公示无异议后报人事司。

（三）人事司组织评审，提出选派建议名单，留学基金项目报国家留学基金委审核后确定录取名单；气象局项目报中国气象局审定；JPO项目由相关国际组织进一步考核后确定录用人员。

（四）已批准的选派人员须按照有关规定，提交相关材料，并按各类项目要求与所在单位、资助机构、工作机构签订相关协议书、承诺书、合同等。

（五）所在单位应按照外事管理有关规定，对选派人员进行出国前的谈话和培训，明确访问进修期间的学习任务和纪律等要求，按照中国气象局因公出国（境）管理规定流程报批后将人选派出。

第八条　各单位项目的选派工作参照第七条规定的选派程序开展，由各单位党组（党委）研究确定选派人员。

各单位项目的人员派出情况应及时报人事司备案。

第九条　气象局项目、各单位项目应在选派人员派出前一年度的11月底之前完成审批工作，并将选派人员费用支出计划纳入次年预算，不得无预算或超预算实施项目。

第十条　各单位不得在同一时期从多个途径推荐同一人选出国访问进修。

第四章　支持措施

第十一条　资助标准。

（一）留学基金项目的资助内容和标准按照国家公派出国留学人员奖学金有关规定执行。

（二）气象局项目和各单位项目选派人员的费用开支按照《关于调整中长期出国（境）培训人员费用开支标准的通知》（外专发〔2012〕126 号）执行。其中，气象局项目选派人员所需费用由中国气象局和用人单位共同支持。

（三）JPO 在录用后，享受相应国际组织同等职级国际职员待遇，具体待遇以正式签订的工作合同为准。

第十二条　高级研究学者、访问学者选派人员在出国访问进修期间，保留其在原单位的工资待遇不变。

第十三条　各单位要合理安排拟选派人员和相关后备人员的工作，积极支持并保证其有必要的时间和精力参加有关外语培训和水平考试。对经所在单位批准参加有关外语培训和水平考试且成绩达到规定条件者，可由其所在单位报销培训和考试费用。

第五章　选派人员管理

第十四条　选派人员出国访问进修期间的有关要求：

（一）遵守国家公派出国留学有关规定、中国气象局有关因公出国（境）管理规定，以及访问进修所赴国家的法律法规。严格遵守国家保密和国家安全规定，接受驻外使（领）馆教育处（组）的管理。

（二）不参加与出国访问进修无关的会议和活动，不接触与出国访问进修无关的机构、组织和个人，自觉维护国家形象，注意自身安全。

（三）与驻外使（领）馆和派出单位保持经常联系。按照要求及时在国家公派留学管理信息平台更新相关信息，按时向驻外使（领）馆、派出单位汇报学习进展情况。

（四）不擅自变更出国访问进修的国别、机构和身份。原则上不得延长留学或访问进修期限。

（五）不擅自回国。如有特殊情况，须按有关规定履行审批手续。

（六）对未经单位批准而滞留国外不归者，派出单位从其应回国之次月起停发国内工资，且不享有单位其他待遇，并按协议书约定及有关外事规定追究其责任；逾期 1 个月的，作自动离职处理。因航班等非主观原因超出规定访问进修期限 1 周以内回国者，不作违约处理。

（七）选派人员与获得资助有关的论文、研究项目或科研成果在成文、发表、公开时，应注明“本研究/成果/论文得到中国国家留学基金（或中国气象局人才项目等）资助”。

（八）派出单位应做好选派人员的联系、管理和服务工作。积极关心选派人员在外访问进修期间的学习、生活和心理状态，及时解决选派人员反映的有关问题。如遇突发情况，要第一时间与选派人员或驻外使（领）馆取得联系，及时向人事司、国际合作司报告有关情况。

第十五条　选派人员回国后的有关要求：

（一）选派人员回国后应在 1 周内到所在单位人事部门报到，按因公出国管理规定归还证件；回国后 1 个月内，通过派出单位向人事司报送访问进修总结报告等材料。留学基金项目资助人员在回国后 3 个月内在国家公派留学管理信息平台登记回国信息。

（二）派出单位应在选派人员回国后 1 个月内组织学术报告会，并组织学术（科技）委员会（或有关专家组）对选派人员出国访问进修的工作情况和成效进行评议，评议结果报人事司备案。评议不合格的，选派人员须向派出单位退回全部资助经费。

（三）高级研究学者和访问学者在归国后有为气象部门服务的义务。出国期限3～12个月者，服务期不少于3年；出国期限12个月及以上者，服务期不少于5年。

高级研究学者和访问学者如被录取为JPO，服务期顺延；如能继续留任或赴其他国际组织工作，视同履行服务期义务。其他人员录取为JPO的，没有服务期要求。

（四）选派人员不按规定履行回国服务义务或违反其他有关规定约定者，应承担违约赔偿责任，按原渠道向派出单位、原单位偿还相应的出国访问进修费用以及出国期间的各类津贴、绩效等，并按协议或合同约定向原单位支付违约金。

未满服务期限调出气象部门者，除交纳缺期服务费外，还须按未完成的服务期比例偿还出国访问进修资助费用及出国期间的各类津贴、绩效等。

（五）派出单位应做好归国人员的跟踪服务，为归国人员干事创业和发挥作用创造条件，促进归国人员快速成长。

第六章　附　则

第十六条　留学基金项目、JPO项目有专门规定的，从其规定。国家有关政策调整时，按照新的政策执行。

第十七条　留学基金项目中的联合培养博士研究生选派人员，由中国气象科学研究院研究生部根据有关工作要求组织推荐。

第十八条　气象局项目和各单位项目支持赴香港、澳门、台湾地区访问进修的，参照本办法执行。

第十九条　本办法由人事司会同科技与气候变化司、国际合作司负责解释。

第二十条　本办法自印发之日起施行。《中国气象局气象科技骨干海外培养项目实施办法（试行）》（气发〔2015〕23号）同时废止。

珍贵气象档案管理办法(试行)

(气发〔2019〕47 号)

2019 年 6 月 9 日

第一章　总　则

第一条　为加强全国气象部门珍贵气象档案工作,强化科学、规范管理,依据《中华人民共和国气象法》《中华人民共和国档案法》等法律法规及相关规定,制定本办法。

第二条　本办法所称珍贵气象档案,是指各级气象档案馆收集保存的,时间久远、载体或形式稀有、在气象事业发展史中具有重要意义和永久保存价值的气象档案。

第三条　本办法适用于全国气象部门珍贵气象档案的收集、保护和利用。

第四条　珍贵气象档案工作由国务院气象主管机构统一领导,实行国家级、省级分级管理,坚持维护档案的安全完整,促进开发利用。

第二章　职责分工

第五条　国务院气象主管机构负责全国珍贵气象档案工作的监督管理，制定并组织落实相关制度、标准和规范。省（区、市）气象主管机构负责本行政区域内珍贵气象档案工作的监督管理。

第六条　国务院气象主管机构和省（区、市）气象主管机构气象档案馆工作职责主要包括：

（一）制定实施珍贵气象档案工作规章规范。

（二）负责珍贵气象档案的收集、整理、保管、鉴定、保护、编研和提供利用服务等工作。

（三）负责馆藏珍贵气象档案日常管理工作。

（四）负责开展珍贵气象档案技术交流、人员培训及宣传等工作。

（五）接受档案行政管理部门的监督、指导和检查。

第七条　各级气象档案馆应指定专人负责珍贵气象档案工作，其应具备以下能力：

（一）具备档案管理、信息管理、保密知识等相关知识背景，思想政治可靠、遵纪守法、忠于职守，安全保密意识强。

（二）熟悉珍贵气象档案工作相关规章制度、技术标准及规范，能够按照相关规定对馆藏珍贵气象档案进行规范管理。

第三章　收集整理

第八条　国务院气象主管机构气象档案馆负责国外和跨省份珍贵气象档案的收集，各省（区、市）气象档案馆负责本行政区域内珍贵气象档案的收集。收集范围包括：

（一）党和国家领导人关怀气象事业发展、气象事业开拓者及社会各界知名人士参与气象工作形成的文字、图表、声像等历史记录。

（二）全球、全国或区域范围内，在各历史时期、重要历史节点产生的具有重大影响的气象事件历史记录。

（三）历史上与气象有关的官方文书、史志典籍、珍本图书或手抄本，以及与气象有关的器具、图画、图版、拓片、石刻等实物。

（四）各历史时期，特别是近代中国开展气象观测以来，形成的具有代表性和重要价值的气象观测原始记录、气象仪器或设备。

（五）各历史时期，记录气象事业发展重大进程的文件、报告、著作、手稿、奖章、题词、日志、会议记录、照片、音像、报刊、纪念章等。

（六）其他具有永久保存价值的气象相关档案或资料。

第九条 各级气象档案馆可通过移交、捐赠及收购等方式收集珍贵气象档案。

（一）各级气象部门形成或保管的珍贵气象档案，应按《中华人民共和国档案法实施办法》及国务院气象主管机构气象档案相关规定，向所属地省级及以上气象档案馆移交。

（二）鼓励其他组织、机构和个人向所属地省级及以上气象档案馆捐赠所持气象档案。经鉴定，确属珍贵气象档案的，应向捐赠者出具珍贵气象档案捐赠证书，并可给予一定奖励。

（三）其他组织、机构和个人自愿向气象档案馆出售所持珍贵气象档案的，气象档案馆可以依照有关法律法规进行收购。

（四）珍贵气象档案持有者不愿捐赠或出售的，气象档案馆可在征得其同意后，制作档案仿真件进行存档；在其不具备保管条件时，气象档案馆可代为保管，必要时可以征购。

（五）其他合法的收集方式。

第十条 各级气象档案馆应对收集到的珍贵气象档案进行分级鉴定，按照现行气象档案分类法分类，以“件”“张”“套”“卷”等为单位进行整理，并标识鉴定等级。

第四章　存放保管

第十一条　各级气象档案馆应建立符合相关规范标准的特藏档案库或特藏室，具备视频监控、电子巡查、温湿度自动监控、漏水报警、智能门禁识别、通风换气和空气净化等能力，用于安全保管珍贵气象档案。

馆藏珍贵气象档案数量较少或暂不具备特藏库建设条件的气象档案馆，应根据珍贵气象档案载体材质特性，配备和采用符合国家规定的柜、架、箱、盒、套等存放设备或专用装具分类分区存放。

珍贵气象档案存放设备或专用装具上应加贴等级标识和射频标签。

第十二条　档案管理人员接触珍贵气象档案时，应佩戴无菌口罩和干燥、洁净、无破损的白色纯棉手套。

第十三条　各级气象档案馆应制定珍贵气象档案管理应急预案并定期组织安全演练。档案管理人员在接到库房灾情报警时，应优先将珍贵气象档案转移至安全场所存放。

第五章　保护修复

第十四条　珍贵气象档案均须进行异质保护，各级气象档案馆应根据档案载体材质特性，按照相关标准规范，采用扫描、拍照等方式形成珍贵气象档案电子文件，或者制作仿真件、复制件。

（一）电子文件应纳入数字化气象档案馆管理系统统一管理，并应采用光盘、磁带、硬盘、缩微胶片等介质进行备份，硬盘不得作为终极存储介质。

（二）电子文件须异地备份，省（区、市）气象主管机构气象档案馆珍贵气象档案电子文件应同时在国务院气象主管机构气象档案馆备份。

（三）电子文件应每年按5%的比例进行随机抽样核检，如发现损坏，应对整套电子文件重新检查和复制。

（四）仿真件、复制件与原件应做好异地保存和备份。

第十五条 各级气象档案馆应按照相关档案标准规范要求，每三年按照5%的比例检查馆藏珍贵气象档案保存情况，记录检查结果，根据档案状态制订抢救与修复计划，确保珍贵气象档案安全。

第十六条 各级气象档案馆应遵循保护原貌、内容完整、最大限度地延长档案寿命的原则，及时修复受损珍贵气象档案。

档案修复前，应做好破损鉴定检查和登记，对破损程度进行分类和定级，确定修复方案，经专家论证通过后，报同级气象档案管理部门批准实施。

珍贵气象档案修复方案及修复结果应报国务院气象主管机构气象档案管理部门备案。

第十七条 珍贵气象档案修复工作应在档案馆内开展，确因场地环境或修复所需硬件条件限制时，可在确保档案安全和修复过程可控的前提下，委托有资质的档案修复机构进行修复。

第十八条 珍贵气象档案保护所需的相关费用，气象档案馆应在编制年度档案业务维持经费预算时予以统筹考虑，气象档案管理部门根据实际需求进行核拨。珍贵气象档案保护经费须专款专用，不得用于其他经费支出。

第六章 开发利用

第十九条 鼓励通过查阅、复制和公布等方式开发利用珍贵气象档案。

第二十条 气象档案馆应通过数字气象档案管理系统、网上陈列或提供仿真件、复制件等形式开展珍贵气象档案查阅服务。

一般情况下，不提供珍贵气象档案原件查阅。确因特殊原因需查阅原件、抄录或复制的，须经档案馆馆长书面同意后，由档案管理人员全程提供服务，查阅者不得直接接触档案原件，原件不得带离档案馆。

查阅者如需进一步使用珍贵气象档案的，须与气象档案馆签订使用协议，明确不得以双方约定以外的形式使用。

第二十一条 在不损害国家、社会、其他组织和个人利益的前提下，根据实际需求，各级气象档案馆可通过以下形式公布相关珍贵气象档案。

（一）通过报刊、声像等出版物发表。

（二）通过互联网、电台、电视台等传播。

（三）通过出版发行珍贵气象档案史料、资料的全文或者摘录、档案名录、专题档案汇编等。

第二十二条 珍贵气象档案原件不得作为展品对外展示，确因工作需要，可采取提供仿真件、复制件或数字化文件等方式进行展示，展示期间仅允许封面拍照。

第二十三条 开发利用其他组织和个人寄存的珍贵气象档案，应征得档案寄存者的同意。

第七章 附 则

第二十四条 本办法由国务院气象主管机构气象档案管理部门负责解释。

第二十五条 本办法自发布之日起施行。

关于进一步深化气象标准化工作改革的意见

（气发〔2019〕48 号）

2019 年 6 月 9 日

为贯彻落实新修订的《中华人民共和国标准化法》以及党中央、国务院关于加强标准化工作的决策部署，全面提升气象标准化工作能力和水平，增强标准化在全面推进气象现代化、全面深化气象改革和全面推进气象法治建设中的支撑保障作用，提出如下意见。

一、总体要求

（一）指导思想

以习近平新时代中国特色社会主义思想为指导，全面贯彻党的十九大精神，坚持在气象标准化工作中对标对表民生需求、国家重大战略需求和气象改革发展需求，树立以高标准推动气象事业高质量发展的工作理念，着力解决气象标准化工作中存在的机制不全、应用不好、能力不强、影响不够的问题，积极营造标准先行、依标办事的行业氛围，发挥好标准化在气象参与社会治理和公共气象服务中的基础性和战略性作用。

（二）基本原则

—— 问题导向、服务大局。既要把有效解决气象标准化工作自身突出问题作为改革的出发点，也要围绕中心工作，把更好地服务和保障国家重大战略实施和推动气象事业高质量发展作为标准化工作改革的落脚点。

——分工负责、协同推进。既要发挥好标准化归口管理部门的综合协调作用，也要发挥好主管职能部门在分管专业领域内的标准化主导作用，同时落实好业务服务单位制定、实施标准以及承担标准化技术组织职责的主体责任。

——需求引领、重点突出。既要夯实气象基本业务领域的标准化基础，也要面向公众、面向生产、面向行业的需求，以增强普适性、通俗性和发挥社会效益为目标，使气象标准更好地适应经济社会发展和人民生活水平提升的需要，为提升气象保障服务水平、引领气象行业发展提供技术支撑。

——多元参与、开放合作。要跳出部门抓标准，推进开门制标、开放贯标，积极建立和营造全社会、全行业、部门间共同关心、参与和推进气象标准化工作的有效机制和良好氛围，增强气象标准化发展活力，提升气象标准国际化水平。

二、主要任务

（一）完善标准化工作机制

1.优化气象标准体系结构。要科学规划气象标准体系中不同性质、不同层级标准的范围和作用，发挥好标准在气象事业发展中保质量和促发展的作用。国家标准、气象行业标准、地方标准属政府性、公益类标准，应聚焦政府职责范围内的公共气象服务和气象社会管理的基本要求，国家标准重点制定跨部门、跨行业的基础通用标准，气象行业标准重点制定规范和引领行业发展的专用标准，地方标准重点突出地域特点和专业优势。团体标准以满足市场和创新需要为目标，聚焦新技术、新产业、新业态和新模式的相关要求。

2.促进标准与气象业务、服务、科技及工程项目的互动融合。

要在业务、服务、科技及工程项目的立项、实施和验收等关键环节中强化标准的导向作用，将转化形成相关标准化成果列入项目重要考核指标，以标准促进关键核心技术的业务化、产业化。要打通业务、服务、科技及工程项目产出标准的渠道，相关项目成果经评估可以转化为标准的，由主管职能部门提出建议，经中国气象局批准后直接纳入气象标准制修订计划。

3. 培育发展气象领域的团体标准。鼓励和支持气象相关社会团体自主制定由本团体成员约定采用或供社会自愿采用的团体标准，增加气象标准有效供给、增强气象标准化活力。鼓励和引导团体标准制定主体通过“中国气象标准化网”免费向社会公开团体标准信息及文本。各级气象主管机构要对本行政区域内气象领域团体标准的制定、实施工作进行指导、监督，促进团体标准与国家标准、气象行业标准、地方标准相配套、相衔接，形成优势互补、协调有序的工作模式。

4. 加强气象标准制修订管理。完善标准立项机制，围绕中心工作和实际需求组织各领域高层次专家研究提出重点标准项目，并通过指定委托、公开招标等多种方式，按照择优原则确定项目承担单位和承担人。完善标准项目退出机制，对于制修订进度严重滞后的项目，采取终止项目或调整项目承担单位的措施，并对相关单位和个人进行不良信用记录和通报。探索对标准化工作基础薄弱的起草单位实行项目导师制，强化对标准制修订的全周期指导和管理。

5. 规范气象标准化经费使用。标准制修订经费和标委会秘书处工作经费应纳入项目承担单位和秘书处承担单位的财务统一管理，实行单独核算、专款专用。标准制修订经费的开支项目包括资料费、设备费（不含通用办公室设备）、试验验证费、差旅费、专家咨询费、宣传推广费以及与标准制修订直接相关的其他费用。为进一步提高标准化经费的使用效率和效益，发挥好资金激励引导作用，鼓励各单位在国家相关政策框架下制定更为灵活有效的标准化经费管理办法。

（二）强化标准实施应用

6. 建立以标准为依据的履职工作体系。主管职能部门要按照管业务必须抓标准、管社会必须靠标准的原则，进一步转变履职方式，在日常行政管理工作中积极引用标准和有效使用标准，继续推进部门业务规定或规范转化为标准。要强化标准在气象基础业务以及行业管理、安全监管工作中的"硬约束"地位，特别是在行业准入、监督抽查、质量评价等面向社会和行业管理工作中所涉及的技术要求原则上应以标准的形式发布实施。

7. 推进以质量管理为核心的业务工作体系。在气象业务及管理的各个环节增强质量意识、标准意识，推广质量管理标准和质量认证手段，树立全员、全方位、全过程的质量管理理念。鼓励和支持各级气象业务服务单位结合自身业务特点，运用先进质量管理标准和方法，通过开展标准化试点、推行质量管理体系、开展第三方认证等方式，促进气象业务服务质量水平的整体提升，培育和创建知名气象品牌。

8. 推行"执行标准清单"制度。各级气象业务服务单位要落实标准实施主体责任，结合工作职责和实际对现行有效的气象标准进行全面梳理，将应采用和可采用的气象标准汇总形成本单位的"执行标准清单"并保持动态更新。要将"执行标准清单"纳入单位信息公开范畴，强化标准实施的社会监督。各单位在实际工作中未执行所公开清单中的标准而造成不良后果的，单位主要负责人及具体责任人应承担相应责任。

9. 强化标准的实施监督与反馈。主管职能部门要落实分管领域的标准实施监督责任，结合业务考核、汛期检查、执法检查、专项整治等各项工作，对标准实施应用情况进行监督检查；要广泛收集、及时分析标准实施意见和建议，对于重要工作环节中缺失和不适用的标准应尽快提出制修订建议，由标准化归口管理部门通过快速通道或以修改单形式加快立项、出台，形成标准制修订、实施、监督、反馈、改进的良性联动机制。

（三）加强标准化技术支撑体系建设

10.优化技术组织设置。按照统筹规划、科学合理、减少交叉、保障有力的原则，依据各气象专业领域标准化工作的实际需求、标准化技术组织及其秘书处承担单位的工作效能，对气象领域的全国专业标准化技术委员会、分技术委员会和行业标准化技术委员会（以下简称标委会）设置及秘书处承担单位进行优化调整，促进资源合理配置、依规履行职责。鼓励和支持各省（区、市）气象局成立气象领域地方标准化技术委员会，并发挥好其跨部门、跨行业的技术平台作用。

11.落实秘书处承担单位责任。各标委会秘书处承担单位应将秘书处工作纳入本单位工作体系，做到年初有计划、过程有督办、年终有考核。各标委会秘书处承担单位要为秘书处提供每年不低于5万元的专项工作经费，要按照国家标准委要求为秘书处配齐、配强专兼职工作人员，并确保履行好岗位职责。标委会秘书长和秘书的工作绩效应与标委会工作成效挂钩。

12.加大履职考核力度。标准化归口管理部门会同主管职能部门组织对标委会年度工作情况进行综合评估，并按照鼓励先进、带动后进的原则，对效能优秀的秘书处采取通报表扬和加大资金投入等激励措施。标委会秘书处要建立、完善委员考核评价和退出机制，对委员参加标准立项投票、草案征求意见、技术审查、年会等重要活动的情况进行记录并定期通报，对于上一年度活动参加率达不到50%的委员，标委会秘书处应向相关主管部门提出解聘建议，形成委员“能进能出”的动态管理模式。

13.加强支撑能力建设。依托中国气象局气象干部培训学院，按照研究型业务、支撑性定位、专业化队伍的原则推进国家级气象标准化技术支撑机构建设，投入与工作职责相匹配的人才和经费，充分发挥其在气象标准化领域的研究评估、技术把关、凝聚专家、培养人才等作用。加强“中国气象标准化网”品牌建设，推进信息和资源的整合，实现标准制修订管理以及远程学习、信息查询、资源下载、应用反馈等气象标准化工作的全流程、一站式服务。

（四）提升标准化工作影响力

14. 加快重要领域标准的出台。紧扣国家重大战略和气象改革发展的要求和需求，按照查遗补缺、急需先行的原则，重点抓好以下领域标准的制定：生态文明建设气象保障服务、气象助力乡村振兴等关系国计民生的重大标准；气象大数据、智慧气象等支撑气象事业提质增效升级、创新驱动发展的基础标准；雷电灾害防御、人工影响天气等强化安全监管的关键标准；气候资源利用、专业气象服务等引领新技术发展、拓展业务服务领域的急需标准。对于重要领域标准，通过建立专项标准技术攻关机制以及加大经费投入、开辟快速通道、定期跟踪督促等措施，确保标准的研制质量和尽快出台。

15. 建立常态化的标准宣贯机制。要将标准宣贯融入日常工作，特别是开展气象宣传、讲座、科普等活动时，相关内容已有标准规定的要以标准为依据，不断扩大气象标准的影响面和知晓度。要加大法律、法规、规章、政策引用标准的力度，充分发挥标准对法律法规的技术支撑和补充作用。要建立领导干部和业务科研骨干带头学标准、讲标准、用标准的制度，在组织开展培训活动时，要将标准化知识和重大、基础性标准纳入课程体系。

16. 加大部门间标准化合作力度。注重与农业农村、应急管理、自然资源、生态环境、交通、水利、旅游、能源、保险、工业和信息化、公安等关联行业在标准化方面的工作沟通、技术交流和资源共享，将标准化列为部门合作重要事项，积极推动在防灾减灾、应对气候变化、生态文明建设等领域的跨行业标准的制定和实施。探索建立军民气象标准化融合发展的长效协调机制，推进军民通用气象标准体系建设，鼓励和支持先进适用的军民标准相互转化。

17.推进标准国际化。鼓励和支持相关单位参与国际标准化活动、相关专家参与或牵头制定国际标准，依托仪器装备、业务系统等“走出去”以及推进全球监测、全球预报、全球服务的契机，推动我国自主创新、特色优势标准走向国际，提高气象领域国际标准化参与度和话语权。加强对WMO、ISO、IEC等国际组织的标准跟踪、评估和转化，促进气象领域国内标准与国际标准的对接。将标准化工作纳入气象国际交流与合作范畴，在有国际应用需求的专业领域探索出版气象标准外文版，推动气象标准在“一带一路”沿线国家和有良好气象合作国家的应用与互认。

三、保障措施

（一）加强组织领导

各级气象部门要高度重视气象标准化工作，建立健全标准化统筹协调机制，明确工作职责、分工，落实专、兼职岗位，积极创新标准化工作模式，发挥标准化工作中典型示范引领作用。要抓紧研究制定配套政策措施，协同有序推进各项改革任务落实到位。

（二）推进队伍建设

研究制定具有气象特色的标准化人才队伍培训政策和课程体系，推进分层次、分对象气象标准化培训工作的常态化和制度化。利用科技成果中试基地建设、标准验证检验检测点试点建设、综合气象观测试验基地建设等现有机制培养跨领域、懂业务的气象标准化技术骨干，加快建设气象标准化专家库和核心人才库。

（三）加大资金保障

将气象标准化经费纳入年度预算，合理安排专项资金推进标准的研制、宣贯和执行，保障标准化工作的运行和管理。在业务、服务、科技及工程项目中预留标准化工作经费，促进业务科技成果向标准的转化。鼓励和引导社会组织或企业投入资金参与气象标准的研制和应用，利用社会资源推进急需标准的研制出台和重要标准的贯彻实施。

（四）完善激励措施

按照有关规定，对标准化工作突出的个人、单位以及优秀标准的主要起草人和起草单位予以奖励。在专业技术职称评聘、创新团队建设以及首席岗位、关键技术岗位、科技骨干等选聘工作中，将主持标准制定和推进标准实施应用的工作情况作为人才业绩评价的重要内容。

人工影响天气“耕云”行动计划（2020—2022年）

（气发〔2019〕73号）

2019年9月30日

党的十八大以来，在党中央、国务院的坚强领导下，在各级各部门和军队的大力支持下，我国人工影响天气事业快速发展，特别是2015年中国气象局实施《人工影响天气业务现代化建设三年行动计划》以来，人工影响天气工作在组织管理体系、现代业务体系、科技支撑体系以及安全监管体系建设方面取得显著成绩，在服务和保障社会经济建设中发挥了重要作用。为适应新形势下国家社会经济发展的需要，进一步提升我国人工影响天气能力水平，有效发挥人工影响天气在乡村振兴、防灾减灾救灾、生态文明建设等国家重大战略实施和重点领域的保障作用，明确未来三年（2020—2022年）的发展目标任务，制订本行动计划。

一、总体要求

（一）指导思想

以习近平新时代中国特色社会主义思想为指导，全面贯彻党的十九大精神，坚持新发展理念，坚持以人民为中心的发展思想，认真落实国务院人工影响天气工作座谈会议要求，坚持人工影响天气基础性、公益性工作定位，完善体制机制，以建立人工影响天气研究型业务、趋利型服务、减灾型保障为主攻方向，以提高科学作业、精准作业、安全作业能力为重点，实施人工影响天气保障国家重大任务行动、现代化提升行动、安全提升行动等“三项行动”，强化人工影响天气在乡村振兴、防灾减灾救灾、生态文明建设、重大活动中的服务保障作用，为全面建成小康社会和全面建设社会主义现代化国家提供有力的保障。

（二）建设目标

到 2022 年，人工影响天气“三项行动”取得显著成效，工作体系更加完善。云水资源评估开发、云降水催化数值模拟等关键技术取得重要进展，以试验研究和作业评估为特征的人工影响天气研究型业务基本形成。人工影响天气安全综合防范能力显著提升。人工增雨（雪）影响面积达到 520 万平方千米以上（较 2016 年至 2018 年三年平均增加 5%），人工防雹保护面积稳定在 50 万平方千米以上，保障乡村振兴、防灾减灾救灾和生态文明建设等国家重大战略的成效更加显著。

——深度融入国家战略。积极应对气候变化，主动服务国家重大战略，人工影响天气服务的针对性、科学性和综合服务效益明显提升，在农业防灾减灾、生态修复和保护、保障重大社会活动等方面取得更大效益。飞机人工增雨（雪）影响面积增加 20 万平方千米以上。实现我国主要生态功能区、粮食主产区和重要水源区人工影响天气服务的常态化全覆盖。

——作业实施更加精准。“五段”[①]实时业务更加优化，推进作业实施由“三适当、三合理”[②]向“定点、定时、定量”转变，综合业

---

①五段业务流程：作业天气过程预报和作业计划制订（72～24 小时）、作业条件潜力预报和作业预案制定（24～3 小时）、作业条件监测预警和作业方案设计（3～0 小时）、跟踪指挥和作业实施（0～3 小时）、作业效果检验（作业后）。

②三适当：适当的作业时机、部位和剂量；三合理：作业预案合理、作业方案设计合理、作业实施合理。

务系统升级完善，跨区域协同、空地协同作业机制更加高效，科学性和自动化智能化水平显著提升。增雨、防雹等不同类型作业成套业务技术得到发展和应用示范，典型云系的作业条件识别准确率提高10%以上①。

——科技水平明显提高。建成地形云增雨、冰雹防控、重大活动保障等6个外场试验基地，云降水机理研究、空中云水资源监测评估、作业条件识别、作业催化技术、局部人工消减雨技术和效果评估等应用基础研究和关键技术开发取得明显进展，"产、学、研、用"深度融合发展机制初步建立，技术成果得到有效转化应用，若干核心领域研究达到国际先进水平。

——安全防线更加稳固。"政府主导、部门协同、综合监管"的人工影响天气安全管理工作机制落地实施，安全管理责任体系全面建立。"三管理"(逐级管理、清单管理、风险管理)和"三防范"(制度防范、技术防范、人员防范)的安全工作全面落实。依托人工影响天气安全工作信息化系统，全国基层作业信息实时监控达100%，固定作业站点标准化率和物联网监控覆盖率达95%以上。实现高炮、火箭安全加密装置全覆盖，建立人工影响天气火箭"弹架分离"机制，形成市场公平有效竞争，提升装备和弹药质量。

(三)基本原则

——坚持需求导向、创新驱动。紧密围绕国家战略和经济社会发展需求，坚持人工干预和自然生态协调发展。聚焦基础科学研究和关键技术研发，强化科技创新，提高作业水平和服务效益。

——坚持统筹规划、区域联合。统筹国家与地方发展，完善规模适度、功能合理、上下协同、区域协作的人工影响天气工作体系和服务布局。强化总体统筹规划、区域联合发展，打破地域隔阂，

---

① 《国家级气象业务现代化指标体系和监测评价实施办法(修订版)》(气发〔2015〕55号)提出"人工增雨作业条件识别准确率"指标，2018年评估为63%。

提高区域作业资源整体利用效率。

——坚持重点突破、稳步推进。全面推进人工影响天气重点工程项目实施，加强飞机作业能力建设，打造一批试验示范基地，发展基于大数据云平台的现代业务指挥系统，带动人工影响天气科技和人才发展。

——坚持依法规范、标准先行。健全和完善人工影响天气法律法规和标准体系，严格依法依规依标推进人工影响天气业务发展、安全监管等工作，提高人工影响天气工作法治化、规范化管理水平。

二、国家重大战略实施和重点领域保障行动

1.强化乡村振兴保障。落实乡村振兴战略，聚焦农业增效、农民增收、农村增绿，结合农业种植结构调整和特色产业发展规划，扩大飞机增雨(雪)覆盖范围，合理设计和调整地面增雨防雹作业站点布局。统筹国、省、市三级装备、资金等人工影响天气资源，加大对国家级重点贫困县的支持力度。持续开展抗旱增雨、防雹减灾的精准作业服务，高效服务农业农村发展，持续助力美丽乡村建设。

2.强化防灾减灾救灾和应急保障。加强干旱、冰雹、林火等灾害监测预警，强化跨区域的增雨防雹联合作业。建立与相关部门的合作机制，针对森林草原防灭火等突发事件应急保障、烟叶果业等经济作物防雹，完善增雨防雹作业专业监测设备和作业站点，联合开展固定目标区的人工增雨、人工防雹、人工消减雨、人工消雾等作业。

3.强化生态文明建设保障。紧密结合生态文明建设需求，积极应对气候变化，统筹人工影响天气工程项目实施，强化对重点生态功能区、生态环境敏感区和脆弱区的保障服务，开展生态修复型人工影响天气常态化作业。推进人工影响天气作业由防灾减灾型向生态修复型拓展，有效降低生态保护和修复成本，实现人工影响天气服务与生态文明建设的融入式发展。

4.强化国家重大活动服务保障。开展重大活动保障区降水类型、特性的影响分析，总结重大活动人工影响天气试验成效和经验。开展空地联合的云雾—降水综合监测、飞机—地面作业试验，建立重大活动人工影响天气保障试验的流程和标准规范，为重大活动顺利实施提供服务。

5.强化“一带一路”国际合作。结合“一带一路”沿线和周边国家的人工影响天气需求，组织开展针对性的技术培训、学术交流、专业咨询和专家指导。推广人工影响天气经验，提供专业装备和技术服务。积极参与世界气象组织、相关国际机构和计划的活动，为“一带一路”沿线和周边国家开展人工影响天气试验提供技术援助，拓展全球气象服务领域。

专栏1　人工影响天气保障国家重大任务行动重点任务

1.粮食安全保障。强化粮食主产区干旱、冰雹灾害动态监测，提高干旱期降雨过程预报水平和冰雹天气早期识别能力。加强空地联合、区域联防，形成国家、区域和省市县联合作业服务模式，提高作业服务的规模效益和科技水平。加大粮食生产关键期、重要需水期的抗旱防雹作业保护力度，促进粮食稳产增效。 2.脱贫攻坚保障。推进乡村作业站点标准化建设，探索纳入乡镇政府管理。制定实施飞机、火箭、高炮等作业队伍规范化建设标准，加强基层作业人员技能培训。结合干旱、冰雹灾害风险精细化评估与区划，编制农村人工增雨抗旱和防雹服务作战图、周年服务一览表、年度工作计划（“一图一表一计划”），加大作业力度，助力乡村振兴和精准扶贫。优先支持国家级重点贫困县提升安全技术防范能力、建设标准化乡村作业点、培训作业队伍。

3. 生态修复保障。完善政府主导、区域联合的生态修复人工影响天气保障机制，结合重点工程实施，优化监测网络和作业布局，构建空地一体化人工增雨(雪)作业体系，建立人工增雨(雪)作业常态化作业调度方案和五段业务运行流程，重点在三江源、天山、祁连山、大兴安岭、长白山、华北地下水超采区、南水北调中线工程、长江上游、西南石漠化、鄱阳湖洞庭湖湿地等区域开展常态化作业，定期发布效益评估报告。联合有关部门开展改善空气质量人工影响天气试验，建立工作机制，研发关键技术，综合评估效果。

三、人工影响天气现代化提升行动

(一)发展研究型业务，提升人工影响天气科学发展水平

6. 深化五段业务，以服务需求牵引人工影响天气科技进步。优化人工影响天气实时业务，通过作业条件监测预报识别、催化模拟与作业效果预估、效果检验等关键技术研发，建立适当的作业时机、部位和剂量业务指标体系，提升五段业务的“三适当”人工影响天气作业核心技术和业务产品基层释用水平，推动作业实施向“定点、定时、定量”转变。编制专项保障服务技术指南，建立灭火增雨、生态增雨、重大活动保障等人工影响天气专项保障服务工作规程，明确启动条件、执行流程、总结评价等工作要求。

7. 加强云水资源立体监测能力建设。开展卫星云降水参量和产品的研发与应用，提升云水资源天基监测能力。在典型区域加强飞机云物理联动探测，提升云水资源空基监测能力。依托重点工程项目，补充建设地基云降水观测设备，提升云水资源地基监测能力。构建“天一空一地”云水资源立体监测系统，强化与气象其他基本业务融合发展，实现观测设备和监测数据的共享共用。加强多源观测的云降水信息挖掘和应用开发，推进三维云场、云水场

等云水资源特征量的实时精细监测。

8.建设智慧型人工影响天气作业指挥平台。持续发展高时空分辨率的云模式，建立完善云和作业条件预报系统、催化作业模拟系统，提高云降水参数预报的精细化程度和作业条件预报的准确率。加快人工影响天气标准格式数据推广应用，建立人工影响天气数据共享机制，依托气象大数据云平台建立人工影响天气大数据和智能指挥平台，实现作业需求获取、作业条件识别、作业决策指挥、作业安全监管、作业效果评估等业务功能，在大数据展示与交互、大数据分析与智能指挥、人工智能决策支撑等应用上取得示范性突破。

9.发展人工影响天气智能作业装备。配备适用不同类型云系(冷云、暖云、混合云)、不同催化剂类型(人工冰核、致冷剂、吸湿剂等)的机载自动播撒装置，开展无人机和高性能飞机增雨(雪)自适应催化作业试验，增强大范围云系的跨区域作业能力。加快高炮自动化改造，逐步实现远程智能控制。发展智能遥控火箭作业技术，研发适用不同高度、不同类型作业对象的高效体播撒火箭。根据风场观测分析结果，在生态保护重点山区适量布设远程智能遥控地面催化剂发生器。

10.加强技术研发和成果转化，以科技创新引领业务发展。完善创新平台，充分发挥国家、省级人工影响天气机构的创新主体作用，加强开放合作，联合高校和科研院所成立人工影响天气研究中心，鼓励和支持企业加强人工影响天气装备技术、安全防控技术研发。编制人工影响天气技术发展计划，聚焦战略性、前瞻性、颠覆性的人工影响天气关键技术，强化作业条件获取精准化、作业催化实施科学化、作业效果评估客观化、作业业务系统高效化和作业安全防控智能化等人工影响天气关键技术攻关以及基础理论研究。建立和完善适合于人工影响天气特点的成果转化和推广应用机制，鼓励科研人员凝练科技成果和转化应用，并在业务应用中检验和完善。

(二)完善工作体系,提升人工影响天气协调发展水平

11.优化国家级—区域级人工影响天气业务布局。强化国家级人工影响天气中心的研究型业务定位,加强科学研究与技术研发,发挥其在重大服务保障、业务技术指导、科技创新发展等方面的“龙头”和科技支撑作用。完善东北、西北区域人工影响天气中心运行机制,加快推进华北、中部、西南、东南区域人工影响天气能力建设,完善联合作业机制,发挥区域中心在特色人工影响天气试验研究、作业示范、技术推广、工程建设以及重大保障服务等方面的作用。

12.推进省、市、县各级人工影响天气服务体系规范建设。推进云水资源监测评估、数值模式产品应用、本地化作业条件指标识别、作业方案优化设计、效果检验,推广安全防范技术,完善作业安全监管责任体系,强化省级人工影响天气的业务支撑、作业组织、技术研发、装备保障和安全监管等核心作用。制定基层人工影响天气服务体系建设指南,明确监测预警、作业指挥、装备配备、队伍建设、安全监管以及作业效益评估等方面的基本要求,推动地方人工影响天气服务体系从粗放型向科学、精准、安全型转变,带动基层气象现代化水平整体提升。

13.加强人才队伍建设,为业务现代化提供人才支撑。联合相关高校、科研院所、骨干企业,推进“产、学、研、用”协同创新团队建设。培养锻炼与精准引进相结合,加强业务科研领军人才建设。设置国家级和省级人工影响天气服务首席岗位,强化省级骨干人才队伍建设。在人工影响天气重大业务工程中落实好负责人制度,推动重大工程出成果、出效益、出人才。加强国家级、区域级和省级科研业务技术人员交流。支持相关高校和科研院所开展人工影响天气本科、硕士、博士生培养和相关培训。编制人工影响天气业务培训教材。规范基层作业队伍建设管理。

（三）完善法治体系，提升人工影响天气规范发展水平

14.完善人工影响天气法规标准。完善人工影响天气组织领导、安全管理等方面的法律制度，推进省级人工影响天气法规规章制定。加快制定空域审批、装备弹药等安全作业的国家标准和重大活动保障、效果评估等业务发展急需的行业标准。建立完善结构完整、规范合理的人工影响天气标准体系。

15.加强法规标准执行和监督检查。严格执行人工影响天气行业标准和国家标准，将标准纳入各级管理考核工作体系，使标准成为装备准入和业务准入的“硬约束”。健全人工影响天气法律法规和标准实施的常态化监督检查机制，定期开展标准实施监督检查。加大标准学习宣传力度，把人工影响天气法规标准纳入各级业务技术和安全管理培训的必修内容，提高从业人员的守法遵标意识和贯彻执行水平。

专栏2　人工影响天气现代化提升行动重点任务

1.创新团队建设。整合气象部门内外专家资源，组建中国气象局人工影响天气创新团队，重点开展人工影响天气机理、云降水数值预报模式、云水资源评估、新型装备与催化技术、业务技术平台、效果检验等关键技术研发攻关。

2.典型云系增雨作业技术研发。建设祁连山、天山等地形云人工增雨（雪）试验示范基地，开展外场试验，研究试验区气候背景条件、地形云宏微观物理特征和形成机理，建立地形云增雨（雪）概念模型和作业指标体系及效果检验方法。建设北方层状云、南方对流云人工增雨试验示范基地，研究层状云和对流云宏微观特征，建立增雨概念模型和作业指标体系，形成作业条件精细开发利用成套技术。

3.冰雹防控作业技术研发。建设贵州威宁、新疆阿克苏等冰雹防控技术试验基地，开展冰雹宏观和微物理的综合观测、新

型催化剂和作业催化工具的外场试验、冰雹防控试验及检验催化理论的试验研究。优化集成冰雹防控技术，建立不同地域人工防雹作业概念模型和指标体系，形成冰雹防控作业成套技术。

4. 重大服务保障技术研发。建设京津冀及周边地区重大服务人工影响天气保障试验基地，建成高精度云和催化预报网、高精度多参量云降水物理综合观测网、高密度催化作业网。开展蓄水增雨、灭火增雨、消云减雨等不同目标的外场试验和作业效果检验，建立各类重大保障人工影响天气决策指挥与效果评估技术规范和流程，形成不同类型固定目标区人工影响天气作业成套技术。

5. 监测预报技术研发。依托“天—空—地”立体监测网，发展作业条件识别技术、飞机云物理探测技术、云水资源评估技术、多源资料融合分析技术，提高精细化监测分析水平。研发新一代高分辨云降水数值预报催化模式，实现水平分辨率达到1～3千米的多种催化作业仿真模拟。

6. 催化作业技术研发。加强野外试验示范基地和科学实验室建设，发展适用于冷云、暖云和混合云的人工影响天气新型催化剂和作业技术装备，研发针对不同类型云系的新型、绿色、高效的催化剂。探索飞秒激光、大气电场干扰、超声波等人工影响天气新技术、新方法。

7. 效果评估技术研发。在福建古田、青海三江源等地区持续开展随机化的人工增雨科学试验，在固定目标区开展非随机化人工增雨科学试验，基于雷达、卫星、雨滴谱、降水量等观测资料开展人工影响天气效果的物理检验和统计检验技术研究。研发人工影响天气效果数值模拟技术，逐步形成效果检验数值模拟业务能力。

> 8. 大数据应用平台建设。编制涵盖特种观测资料、机载探测数据、物联网监控信息等人工影响天气大数据资源目录，建立数据收集、处理、共享和归档业务流程，促进与气象其他基本业务融合发展。研发人工影响天气大数据算法及关键技术，建立业务通用算法集。发展含云降水精细处理分析、服务对象信息、作业指挥、安全管理等功能的智慧型人工影响天气大数据应用平台。

四、人工影响天气安全提升行动

（一）提升人工影响天气安全能力

16. 推进人工影响天气安全工作信息化。加快推进人工影响天气安全监管能力建设，制定完善作业装备信息管理标准和规范，应用物联网、生物识别、电子围栏等信息技术手段，配备一键报警、视频监控、智能终端等安全防控装置，提升作业站点、运输车辆、弹药库等关键部位和场所的综合安全防护水平。推进录音电话与信息化平台相结合的空域报批系统，建立录音或数据存档机制。建设网页加 APP 的人工影响天气安全管理系统，及时采集安全隐患排查、作业人员身份和培训等基本信息，在平台上实现动态年检。

17. 提升人工影响天气作业装备安全性能。优先推广高炮安全锁定装置、火箭发射控制器加密技术，提升现有装备安全防控能力。引导装备生产企业应用数码芯片等新技术，研制生产高安全性、高通用性、高智能化水平的新型作业装备，加快推动通用火箭架、机载播撒设备、新型弹药的产品定型、试用和量产，提升人工影响天气作业装备整体安全性能。

（二）提升人工影响天气安全监管水平

18. 完善人工影响天气安全责任体系。修订《人工影响天气安全管理规定》，落实人工影响天气安全属地监管责任。全面推进清单管理、逐级管理和风险管理，建立各级人工影响天气安全责任清单、制度清单、标准清单，开展分级、分领域的安全风险隐患排查和整改。推动将人工影响天气作业安全纳入各级政府安全生产监督管理体系和考核体系，建立"隐患清单""一票否决"等多种方式相结合的考核管理制度，与相关部门开展联合检查督查。

19. 强化人工影响天气作业装备质量监管。落实人工影响天气作业装备使用许可制度，实现作业装备品类使用许可全覆盖，实施行政审批事前事中事后全程监管。强化作业装备质量监督管理，完善装备质量通报和质量评估制度，制定装备停用、召回、报废的规范标准，完善装备业务试用管理制度，建设装备试验跟踪站。联合企业、科研院所等相关实验室资源，组建人工影响天气装备联合实验平台。建立作业装备现代化管理体系，应用物联网等现代信息技术，实现弹药出厂验收、购买、运输、存储、使用（销毁）和装备年检、报废等全过程的动态监管。推进人工影响天气装备供给侧结构性改革，建立"弹架分离"机制，发挥人工影响天气装备市场调节作用，改进弹药采购机制，促进公平竞争和产品质量提升。

专栏3　人工影响天气安全提升行动重点任务

1. 安全基础能力提升。开展作业高炮安全改造，加装电子锁定装置，开展作业火箭安全改造，增加发射控制器双指纹加密模块，实现高炮火箭安全改造全覆盖。建设人工影响天气安全管理系统，具备安全基础信息、弹药管理、隐患排查、监督检查、作业监控、空域管理、作业人员年检等功能，实现对作业人员、装备、业务流程等安全运行的综合管控和空域报批留痕管理。

2. 安全新技术示范应用。研发作业高炮和火箭的自动化、信息化以及安全防控新技术，制定实施人工影响天气火箭架通用技术标准，推进"人炮分离"和"弹架分离"。开展人工影响天气综合防控试点建设，完善和强化弹药库、一键报警、视频监控、电子围栏等综合防控措施，配备高安全性能的作业装备。探索应用可视化、双向语音的智能监控设备，加强流动作业安全监管。

3.作业装备弹药质量检验检测。开展人工影响天气装备弹药质量检验检测、安全防控等技术研究，建立完善标准，规范人工影响天气装备弹药出厂验收、质量跟踪、事故调查等工作。建立新装备弹药质量跟踪和考核评估体系，设立人工影响天气作业装备试验跟踪站，对新装备弹药质量实施检验评估。

五、重点工程

20.国家人工影响天气工程。建设国家级人工影响天气指挥中心，云雾物理与催化技术研发实验平台和人影机载设备技术保障平台，云雾物理综合试验基地、人工防雹试验基地、重大服务人影保障试验基地，全面提升国家级人工影响天气中心业务科技能力，为全国人工影响天气事业创新发展提供强大驱动力。

21.区域人工影响天气工程。统筹国家战略、区域发展和地方需求，总结东北区域人工影响天气工程建设效益和经验，实施西北、中部区域人工影响天气工程，积极推进西南、华北、东南区域人工影响天气工程立项实施。建设布局合理、适应需求的高性能人工影响天气飞机和保障基地，改造升级地面作业装备，提升人工影响天气作业的区域协调、空地协同能力。建立具有区域特色的试验示范基地，开展人工影响天气研究试验和关键技术攻关。建立人工影响天气作业指挥、安全监管和效果检验系统，提高科学作业、安全作业水平和服务效益。

专栏4　人工影响天气重点工程

1.国家工程。建设国家级人工影响天气指挥中心，建成国家级决策指挥系统，为人影作业的科学决策、任务调度和安全监管提供技术支持。建成保障支撑系统，为开展人影作业能够快速响应、信息共享提供平台支撑。建设云雾物理与催化技术研发实验平台(北京)和人影机载设备技术保障平台(河北),为开展人影基础理论研究、云雾物理机制和催化技术研发及机载仪器设备保障的各类室内实验提供科技基础设施支撑。在江西庐山建设云雾物理综合试验基地,在贵州威宁建设人工防雹试验基地,在华北地区建设重大服务人影保障试验基地,完善科研基础设施,为开展人影外场试验搭建开放式科研开发与应用平台。

2. 东北区域工程。加快项目收尾和竣工验收,完善部门联合、区域联动工作机制,重点围绕东北平原粮食生产、大小兴安岭森林草原生态与防火、长白山水源涵养生态等需求开展人工增雨(雪)作业常态化作业,强化作业效益评估,稳定发挥工程建设运行效益。

3. 西北区域工程。建设和完善三江源、祁连山、天山、六盘山等人工增雨(雪)试验示范基地,开展地形云人工增雨(雪)等研究试验和关键技术研发,新建4架高性能人工影响天气飞机和基于云+端的新型作业指挥系统,优化地面作业布局。开展生态修复人工增雨(雪)重点保障区区划,优化人工影响天气监测网络布局,建立生态保护区云场与云宏微观结构条件预报系统、作业条件监测识别、播云过程模拟系统,构建空地一体化人工增雨(雪)作业体系。面向水源涵养、植被恢复、森林防火和水库增蓄等不同目标保障区,实施精准"靶向"的生态修复型人工增雨(雪)常态化作业。

4. 中部区域工程。建设商丘积层混合云人工增雨(雪)试验示范基地、丹江口水库汇水区外场试验区和黄山外场试验点,开展积层混合云人工增雨等研究试验和关键技术研发,建设3架高性能人工影响天气飞机、指挥系统,优化地面作业布局,提升中部区域整体人工影响天气业务科技能力。开展南水北调中线工程人工增雨重点保障区区划，完善云水资源立体监测体系，提升作业条件监测识别能力，建立水源保障人工影响天气综合效益评估系统。

5.西南区域工程。建设仁寿复杂地形下的积层混合云（干旱季节典型的作业云系）增雨试验示范基地，建设毕节南方典型冰雹区域联防作业试验示范基地、西藏青稞增产和生态保护防雹增雨（雪）试验示范基地、洱海流域生态保护人工增雨（雪）试验点、重庆人工消雾试验点，开展人工防雹和复杂地形下积层混合云人工增雨等研究试验与关键技术研发，新建4架高性能人工影响天气飞机、指挥系统，优化地面作业布局，提升西南区域整体人工影响天气业务科技能力。开展生态修复人工增雨重点保障区区划，建立生态修复型人工增雨综合效益评估系统。

6.华北区域工程。开展人工消减雨、雾和积层混合云人工增雨等研究试验和关键技术研发，建设高性能人工影响天气飞机、指挥系统，优化地面作业布局，提升华北区域整体人工影响天气业务科技能力。建立华北地下水超采区人工增雨（雪）作业常态化作业体系，开展综合效益评价。

7.东南区域工程。开展南方积状云、暖云人工增雨等研究试验和关键技术研发，建设高性能人工影响天气飞机、指挥系统，优化地面作业布局，提升东南区域整体人工影响天气业务科技能力。开展鄱阳湖区、洞庭湖区保障粮食生产、生态湿地涵养、降低森林火险等级、城镇降温减碳等生态修复人工增雨重点保障区区划，建立生态修复型人工增雨综合效益评估系统。

六、保障措施

22.强化政策保障。贯彻落实国务院人工影响天气工作座谈会精神，推动出台新时期人工影响天气工作指导政策，强化对乡村振兴、防灾减灾救灾、生态文明建设等重大战略的保障。进一步发挥国家人工影响天气协调会议制度的作用，统筹协调体制机制、政策法规、规划布局、科技创新和安全监管等重大事项，健全部门间、军地间协调联动工作机制，推动落实工业和信息化、公安、应急以及军队有关部门在装备生产、弹药储运、作业安保、人员审核和空域使用等环节中的安全监管职责，有效巩固齐抓共管的综合安全监管工作局面。

23.加大资金投入。坚持人工影响天气工作的基础性和公益性定位，积极推进将人工影响天气事业发展纳入经济社会发展规划和重大生态保护工程建设规划。发挥中央和地方两个积极性，合理划分人工影响天气中央与地方财政事权，完善中央和地方共同投入并与经济社会发展同步增长的经费保障机制。联合受益行业和相关部门，支持将高性能作业飞机购置、托管等能力提升项目纳入相关行业专项发展规划。调动有关企业、团体的积极性，鼓励其有序参与人工影响天气事业发展，拓展资金投入渠道。

24.强化责任落实。中国气象局有关内设机构要根据职责分工加强统筹协调、落实配套举措，推动政策精准落地。各省（区、市）气象局、国家级人工影响天气业务单位要加强组织协调，制定实施方案，细化目标任务，层层压实责任，确保各项工作高质量如期完成。其他有关单位要依据职责落实好相关任务。强化督促检查和评估考核，完善第三方评估机制，适时开展总体进展考核评估工作。

新时代气象高层次科技创新人才计划实施办法

（气发〔2019〕75 号）
2019 年 10 月 11 日

第一章　总　则

第一条　为了深入贯彻中央关于深化人才发展体制机制改革、激发人才创新活力的一系列文件精神，中国气象局在统筹优化气象部门人才计划的基础上，进一步完善气象人才发现培养评价激励机制，规划实施新时代气象高层次科技创新人才计划（以下简称气象“十百千”人才计划）。

气象“十百千”人才计划是中国气象局实施的重点人才计划，旨在加快实施人才强局战略，紧紧围绕新时代国家重大战略气象服务保障和气象现代化建设需求，培养打造一支热爱气象事业、勇于创新发展的优秀高层次气象科技创新人才梯队。为完善组织实施机制，提升工作科学化、规范化、制度化水平，制定本办法。

第二条　实施气象“十百千”人才计划坚持以下原则：

（一）党管人才，统筹实施。

（二）服务发展，增强活力。

（三）高端引领，重点支持。

（四）评用结合，动态管理。

第三条 气象“十百千”人才计划由三个层次的梯队构成：第一梯队为气象杰出人才（10 名左右）；第二梯队为气象领军人才（100 名左右）；第三梯队为气象优秀人才（1000 名左右），由首席气象专家（400 名左右）、青年气象英才（400 名左右）、西部和东北优秀气象人才（200 名左右）组成。

第四条 中国气象局人才工作领导小组（以下简称人才领导小组）加强对计划实施的组织领导，强化督促检查，及时研究解决计划实施中的重大问题，统筹推进各项工作。中国气象局人才工作领导小组办公室（设在人事司，以下简称人才办）强化指导协调，细化任务分工，抓紧抓实日常管理工作。各相关职能司按照职责分工，各司其职、密切配合，加强本领域高层次人才梯队建设。各省（区、市）气象局和各直属单位（以下简称各单位）认真做好本单位人才的培养、选拔、评价、激励等工作，落实好入选人才的支持保障服务主体责任。

第二章 遴选条件

第五条 气象“十百千”人才计划人选须具备以下基本条件：

（一）认真学习贯彻习近平新时代中国特色社会主义思想，有浓厚的家国情怀、强烈的社会责任意识和严谨的科学态度。

（二）热爱气象事业，奉献气象事业，立足岗位，勤奋进取，勇于创新。

（三）恪守学术道德和职业道德，学风正派，诚实守信，廉洁从业。

第六条 气象杰出人才。推荐人选应在气象科技重点领域具有深厚的学术造诣，领衔国家级科研团队取得了重大创新成果，或领衔国家重大气象业务工程取得突出成就，或在服务保障国家发展战略能力建设上成效卓著；有望在气象科技前沿取得更大突破、成为引领我国气象发展方向的战略科技人才；推荐时一般应为专业技术二级岗位专家。

第七条 气象领军人才。推荐人选应在气象科技重点领域具有很强的创新能力，带领相关科研团队取得了重要创新性成果，或在国家重大气象业务工程建设取得重要成就，或在增强重大气象服务保障能力上做出创新性贡献；有望在气象科技发展前沿和气象现代化发展关键领域取得显著进展，成为引领气象科技重点领域、牵头重大气象业务工程建设的领军人才；一般应为专业技术三级以上岗位专家，或具有主持国家重大科研项目或担任国家重大气象业务工程负责人员的能力。

第八条 首席气象专家。推荐人选应在气象业务服务领域、重大业务工程建设等工作中发挥核心骨干作用，技术水平和能力在同类人员中处于领先地位，带领团队解决关键技术难题，形成了创新性科技成果，在气象现代化建设和服务保障经济社会发展上贡献突出，并在团队建设和人才培养方面成效显著；推荐时一般应具有正高级职称，承担业务服务把关5年以上或具有主持省部级以上重点科研项目、重大业务工程项目的能力等。

第九条 青年气象英才。推荐人选应在气象相关领域能够创造性地解决科学技术或业务应用难题，在气象科技研发工作中崭露头角，获得较突出的学术成果，具有突出的科技研发潜能，研究方向和技术路线具有重要创新前景，通过重点跟踪培养，有望成长为相关气象科技领域和气象现代化建设的带头人；推荐时年龄一般在40周岁以下，具有高级职称或博士学位。

第十条 西部和东北优秀气象人才。推荐人选应扎根西部、东北气象事业，在科技研发、重大业务工程建设、气象业务服务等方面做出突出成绩；在团队建设和人才培养方面发挥骨干作用、成效显著；具有良好发展潜力，立志继续扎根西部、东北气象事业做出更大贡献；推荐时一般应具有高级职称或硕士以上学位，在西部、东北气象部门工作满 5 年。

第三章　遴选方式、程序与要求

第十一条　气象“十百千”人才计划的遴选工作由中国气象局统筹安排部署、分类实施。一般每年遴选一次。

第十二条　人才办按照人才领导小组有关安排组织评审工作。遴选程序如下：

（一）公布信息。人才办印发推荐评审工作通知，并在综合考虑高层次气象人才队伍建设等情况的基础上，明确各单位各类人才推荐控制数。各单位按要求公布推荐选拔工作要求。

（二）单位推荐。各单位可组织申报推荐或直接推荐，对推荐人选资格和业绩材料的真实性进行审核，必要时可组织专家推荐评审；各单位党组（党委）研究确定推荐意见和推荐排序；对推荐人选业绩材料进行不少于 10 个工作日的公示；将推荐材料报人才办。

（三）资格审查。人才办组织对推荐人选的资格审查，必要时可组织初评确定参加专家组评审的人员名单。

（四）专家组评审。区别不同类别人才特点，人才办会同相关职能司组织专家组评审。评审工作坚持品德、能力、业绩导向，综合考虑创新成果、获奖、工作经历、岗位贡献等因素，注意克服“四唯”倾向，不搞“一刀切”。

（五）审定公示。人才办根据专家组评审意见，提出拟定人选名单，报中国气象局党组审定。拟入选人员名单须进行不少于 5 个工作日的公示。对公示期内实名举报和有具体线索的匿名举报，组织有关单位和部门调查核实并提出意见。最终入选名单由中国气象局公布。

第十三条　国家“万人计划”科技创新领军人才、青年拔尖人才，国家创新人才推进计划中青年科技创新领军人才、重点领域创新团队带头人，百千万人才工程国家级人选，国家杰出青年科学基金、优秀青年科学基金获得者及创新研究群体带头人等国家重点人才工程（项目）人选，可直接参评气象领军人才。

第四章　服务支持措施

第十四条　对入选人才一般支持 1 个支持期（3 年），其中气象杰出人才、气象领军人才最多可连续支持 2 个支持期。入选人才在支持期内，只能获得本计划中单项人才项目的支持。

第十五条　中国气象局为入选人才颁发证书。对气象杰出人才入选者，授予涂长望学者称号。对气象领军人才入选者，授予气象相关领域的国家级首席科学家称号。对首席气象专家入选者，授予气象相关领域的国家级首席气象专家称号，其中气象预报预测领域的授予国家级首席预报员称号。对青年气象英才入选者，授予青年气象英才称号。对西部和东北优秀气象人才入选者，分别授予西部优秀气象人才、东北优秀气象人才称号。

第十六条　优先支持气象杰出人才、气象领军人才组建创新团队，领衔重大科技攻关项目和重大业务工程建设项目。所在单位应在选题立项、人员调配、经费使用等方面积极为入选人才及其科研团队提供支持，并支持入选人才自主选择 1 名学术助手。

第十七条　中国气象局在支持期内，对事业单位入选人才给予一定的创新津贴激励。

第十八条　具有正高级职称的气象领军人才可直接竞聘专业技术二级岗位。首席气象专家、青年气象英才、西部和东北优秀气象人才可破格参加上一级专业技术岗位竞聘或高一级职称评审。

第十九条 积极支持和鼓励入选人才与国内外科研院所、高等院校开展科技合作和学术交流。充分利用气象科技骨干出国(境)访问进修项目等多种平台,优先支持入选人才出国(境)研修,拓展科技视野,提高学术水平。

第二十条 鼓励在重大科技项目、重大业务工程中吸纳优秀青年气象英才担任首席科学家助理、工程技术副总师等职务。增加参与重大科技活动机会,各级气象部门组织的职称评审、团队建设、学术委员会等工作,都要安排一定比例的青年人才参加。中国气象局为青年气象英才、西部和东北优秀气象人才提供一定经费,支持其开展项目研发。

第二十一条 完善青年气象英才导师制。中国气象局青年气象英才导师组统筹制订实施支持期培养计划,并负责分类指导和专题培训等。各单位为每一位青年气象英才选聘学术导师。学术导师结合青年气象英才特长和专业方向,为青年气象英才量身打造发展规划并跟踪指导。根据需要每年组织召开青年气象英才学术交流会、气象科技前沿问题高级研修等活动。

第二十二条 各单位对入选人才的支持保障负主体责任,要针对入选人才的优势和特点制定支持政策、保障计划,强化创新研究、团队建设、待遇保障的落实。多为入选人才办实事、做好事、解难事,关心关爱入选人才生活,在工作生活后勤保障等方面尽可能给予政策倾斜和帮助。鼓励各单位为入选人才提供相关配套支持政策,并积极争取地方人才支持政策。

第二十三条 气象部门各级党组(党委)要把党管人才落到实处,对入选人才政治上充分信任、工作上创造条件、生活上关心照顾。强化联系服务,将入选人才纳入各级党组(党委)直接联系专家范围,其中气象杰出人才由中国气象局党组直接联系。加强对人才的思想联系、感情交流和政治引领,引导人才弘扬爱国奉献精神和科学家精神、严守学术道德规范。

第五章　考核管理

第二十四条　由入选人才所在司局级单位与入选人才签订合同，在创新能力、创新业绩、领衔作用、人才培养和团队建设等方面明确支持期工作目标和年度工作计划。对入选人才实施年度考核和支持期综合考核。

第二十五条　年度考核由入选人才所在司局级单位负责组织，可与单位年度考核工作合并进行。考核内容除本单位工作外，需按照合同约定对其作为人才计划人选的履职情况和进展成效进行考核。年度考核结果于次年1月底前报人才办备案。

第二十六条　综合考核分级分类实施。考核结果分为优秀、合格、不合格三个等次。

（一）气象杰出人才、气象领军人才的综合考核由人才办牵头组织，对照合同约定的任务目标，重点从创新成果质量和水平、人才培养和团队建设成效，以及成果转化效益等方面进行考核，并对是否继续支持提出建议。人才领导小组确定综合考核结果，并根据综合考核和领衔作用发挥等情况，决定是否继续支持。

（二）气象优秀人才的综合考核由入选人才所在司局级单位组织。对照合同约定的任务目标，首席气象专家、西部和东北优秀气象人才重点从业绩贡献、牵头作用、人才培养和团队建设等方面考核，青年气象英才重点从创新思维、创新成果、持续创新能力等方面考核。各单位根据考核情况确定考核等次，报人才办备案，并以适当方式通报。

第二十七条　入选人才凡在学术技术上有重要突破、获重要奖励的，涉及职务或岗位变化、工作调动以及健康、退休等情况的，所在单位要及时报告人才办。

第二十八条　入选人才有下列情形之一者，所在单位应当及时提出意见并报人才领导小组批准后，取消人才称号，包括：

（一）思想道德品质差，丧失社会公德、职业道德的。

（二）弄虚作假，学术不端，谎报荣誉、称号和成果的。

（三）违反相关规定，受到党纪、政务处分，不宜继续作为气象“十百千”人才计划人选的。

（四）在支持期内擅自调出气象部门，造成科技资源损失、产生不良影响的；或西部和东北优秀气象人才在支持期内调离西部、东北地区的。

（五）年度考核或支持期综合考核不合格的。

（六）其他应取消人才称号的情形。

此外，对于入选人才因调离相关专业技术岗位或因个人原因不能发挥应有作用的等情形，终止人才计划支持培养。

第六章 附 则

第二十九条 各省（区、市）气象局和各直属单位要精简优化本单位人才工程和计划，统一规划实施本级“气象高层次科技创新人才计划”，择优确定本级的气象杰出人才、气象领军人才、首席气象专家和青年气象英才，与中国气象局“新时代气象高层次科技创新人才计划”各层次梯队有机衔接。各单位的气象高层次科技创新人才梯队建设方案和实施进展要及时报人才办备案。

第三十条 本办法自印发之日起施行。此前有关规定与本办法不一致的，按照本办法执行。《中国气象局“双百计划”管理办法（试行）》（气发〔2010〕153 号）、《气象部门青年英才培养计划实施办法（试行）》（气发〔2013〕109 号）和《中国气象局西部优秀青年人才津贴实施办法》（气发〔2010〕147 号）同时废止。

第三十一条 本办法由人才办负责解释。

2019—2023年全国气象部门干部教育培训规划

（气发〔2019〕76号）

2019年10月11日

为深入贯彻落实习近平新时代中国特色社会主义思想和党的十九大精神，切实发挥教育培训在气象干部队伍建设中的先导性、基础性、战略性作用，着力培养造就忠诚干净担当的高素质气象干部队伍，根据《2018—2022年全国干部教育培训规划》、中央和国家机关工委《关于中央和国家机关贯彻落实〈2018—2022年全国干部教育培训规划〉的实施意见》等文件精神，结合气象部门实际，制定本规划。

一、总体要求

（一）指导思想

以习近平新时代中国特色社会主义思想和党的十九大精神为指导，贯彻落实新时代党的建设总要求和新时代党的组织路线，以学习贯彻习近平新时代中国特色社会主义思想为首要任务，以做到“两个维护”为最高原则，坚持政治统领、服务大局，坚持以德为先、注重能力，坚持统一规划、分级负责，坚持精准培训、全员覆盖，坚持联系实际、从严管理，围绕建立源头培养、跟踪培养、全程培养的素质培养体系深化气象干部教育培训改革，着力提高气象教育培训的针对性、有效性，高质量教育培训气象干部、高水平服务党的气象事业发展，为培养造就忠诚干净担当的气象干部、适应新时代气象事业高质量发展提供坚强保证。

（二）主要目标

——以习近平新时代中国特色社会主义思想为中心内容的理论教育更加深入，使之系统权威进教材、生动有效进课堂、刻骨铭心进头脑，广大气象干部马克思主义水平和政治理论素养不断提高，"四个意识"不断增强，"四个自信"更加坚定，"四个服从"成为普遍自觉，思想行动高度统一。

——党性教育更加扎实，广大气象干部理想信念、党性观念、宗旨意识进一步强化，思想觉悟、政德修养、品行作风进一步提高，信仰之基、从政之基、廉政之基进一步牢固。

——专业化能力培训更加精准，广大气象干部适应新时代、实现新目标、落实新部署的履职能力明显增强，专业素养、专业能力进一步提升，热爱气象、坚守气象、奉献气象的精神进一步增强。

——知识培训更加有效，新理论、新技术、新方法、新装备培训更具针对性，广大气象干部知识结构更加合理、综合素养不断提高、履职水平明显提升，气象专业技术人员知识更新更加及时、岗位适应能力不断增强、解决气象核心业务领域关键科技问题的能力进一步提升。

——气象干部教育培训体系更加完善，干部素质培养的时代性、系统性、持续性、针对性、有效性不断增强，气象业务培训进一步优化，干部培训进一步规范，网络培训能力进一步增强，培训理念更加先进、内容体系更加完善、组织架构更加健全、运行机制更加高效、运行管理更加规范、师资力量更加雄厚、基础设施更加完备，更好地适应新时代气象事业高质量发展对干部教育培训的需求。

（三）重要指标

1. 处级以上领导干部5年内参加干部教育培训管理部门认可

的培训机构脱产培训累计不少于3个月或者550学时，县气象局局长等科级及以下干部和专业技术人员每年参加培训累计不少于12天或者90学时。各类气象干部每年网络培训学时数不低于50学时。各单位不同类别干部每年达到一定的调训率、参训率和人均脱产培训学时数(附件1)。

2.司局级领导干部2～3年至少接受1次系统理论教育和严格党性教育，一般每年参加1次1周左右的专业化能力培训；处级领导干部、县气象局局长5年内接受3～5次1周左右的专业化能力专题培训；优秀年轻干部5年内接受1次1个月以上的系统化教育培训。

3.专业技术人员5年内至少接受1次2周左右的岗位轮训，按要求接受新技术、新方法培训，高层次气象人才5年内接受1次提高政治站位主题的研修班，非气象专业毕业生参加气象基础知识培训实现全覆盖。

4.在中国气象局党校及分校的主体班次教学安排中，以习近平新时代中国特色社会主义思想课程为主，理论教育和党性教育的比重不低于总课时的70%；各类班次都要设置党性教育课程，1个月以上的班次要安排学员进行党性分析，确保党性教育课程不低于总课时的20%。

5.在中国气象局党校及分校的主体班次中，领导干部讲课课时不低于总课时的20%。运用研讨式、案例式、模拟式、体验式、辩论式、研究式教学方法的课程比重不低于30%。

二、全面深入开展习近平新时代中国特色社会主义思想教育培训

(一)坚持把学习贯彻习近平新时代中国特色社会主义思想摆在气象干部教育培训最突出的位置

将习近平新时代中国特色社会主义思想作为气象部门党组(党委)理论学习中心组学习的主要内容，作为中国气象局党校的

主课，作为气象干部学习的中心内容。实施“习近平新时代中国特色社会主义思想深化学习计划”（附件 2），做到制定规划时重点部署，设计项目时重点安排，配置资源时重点保障。结合“不忘初心、牢记使命”主题教育，经常学、长期学、跟进学，全面扎实推动习近平新时代中国特色社会主义思想刻骨铭心进头脑。采用集中轮训、理论研修、专题研讨、网络培训等多种方式，持续加强理论教育和党性教育，使学习贯彻习近平新时代中国特色社会主义思想成为广大气象干部的政治自觉、思想自觉、行动自觉。

（二）坚持用习近平新时代中国特色社会主义思想武装气象干部

在学懂弄通做实上下功夫，着力提高气象领导干部的政治觉悟、政治能力、斗争本领、斗争精神，增强政治领导本领，实施“千名气象干部政治能力提升计划”（附件 2）。气象干部要坚持研读习近平总书记重要讲话、读原著学原文，在知其然知其所以然上下功夫。各级气象部门领导班子成员带头研读《习近平谈治国理政》等原著，掌握马克思主义立场观点方法，在学用新思想上作表率。在各类干部培训班次的教学中，增加围绕必读书目和篇目的导读类课程，增设主题报告会、思想座谈会、研讨会等单元，教育引导广大气象干部把自己摆进去、把职责摆进去、把工作摆进去，不断提高运用科学理论解决思想困惑和工作难题的能力，以知促行、以行促知、知行合一。着力加强年轻干部理论武装，将学习贯彻习近平新时代中国特色社会主义思想作为气象年轻干部终身必修课。

（三）着力提升习近平新时代中国特色社会主义思想教育培训的实效

结合气象部门实际，将习近平新时代中国特色社会主义思想纳入各类气象干部培训班次的教学课程和教材讲义。组织开发一批学习贯彻习近平新时代中国特色社会主义思想、体现气象人精神的教学案例和现场教学点。加强师资队伍建设，定期选派理论骨干师资参加习近平新时代中国特色社会主义思想专题学习培训。组建教学团队，分专题分领域开展教学研究，着力提高教师理论水平和教学效果。注重研究式教学，增加自学和研讨时间，列出自学书目，组织学员研读原著、研究问题；在加强自学基础上，组织学员深入研讨，安排教师导读，实现教学相长、学学相长。

（四）建立健全习近平新时代中国特色社会主义思想学习教育长效机制

坚持和完善干部脱产学习进修制度，有计划安排领导干部脱产进修，加大力度选调干部参加党校（行政学院）、干部学院、组织干部学院、纪检监察学院等中央、地方和行业培训机构以及气象干部培训机构的脱产培训，全面系统学习习近平新时代中国特色社会主义思想。建立和健全干部在职自学制度，创造学习条件，在气象远程教育网开设专题系列网络课程和网上专题班。完善理论学习考核激励机制，强化述学、评学、考学措施，把学习贯彻习近平新时代中国特色社会主义思想情况作为考核和衡量领导干部思想政治素质的重要内容。

三、完善气象培训内容体系

（一）党的基本理论教育

在大力开展习近平新时代中国特色社会主义思想教育培训的同时，组织广大气象干部深入学习马克思列宁主义、毛泽东思想、邓小平理论、“三个代表”重要思想、科学发展观，原原本本学习和研读经典著作，学习掌握马克思主义哲学、政治经济学、科学社会主义，学习掌握中国特色社会主义理论体系，学习掌握贯穿其中的马克思主义立场观点方法，不断深化对共产党执政规律、社会主义建设规律、人类社会发展规律的认识，自觉坚持和运用辩证唯物主义和历史唯物主义世界观、方法论分析解决问题，增强战略思维、创新思维、辩证思维、法治思维、底线思维能力，做到真学真懂真信真用。

（二）党性教育

加强理想信念教育，教育引导气象党员干部自觉做共产主义远大理想和中国特色社会主义共同理想的坚定信仰者、忠实实践者。加强党章学习培训，教育引导气象党员干部认真学习党章、严格遵守党章。加强党规党纪特别是政治纪律和政治规矩教育，强化廉政教育，引导气象干部知敬畏、存戒惧、守底线。加强党的宗旨和作风教育，引导气象干部践行全心全意为人民服务的根本宗旨，坚决反对“四风”。加强党内政治文化教育，引导气象干部自觉增强党内政治生活的政治性、时代性、原则性、战斗性。加强党史、国史、气象史以及党的优良传统和世情、国情、党情教育，引导气象干部传承红色基因，永葆政治本色。开展政德教育，引导气象干部自觉追求高尚情操、坚守道德底线、引领时代新风。深入开展社会主义核心价值观教育，加强中华优秀传统文化、革命文化、社会主义先进文化和气象文化学习教育，充分发挥气象干部党性教育基地的作用，引导气象干部不断提升精神境界。

（三）专业化能力和管理能力培训

围绕统筹推进“五位一体”总体布局和协调推进“四个全面”战略布局，聚焦气象服务保障国家生态文明建设、综合防灾减灾救灾、军民融合发展、乡村振兴战略、“一带一路”建设等，以提升气象保障国家重大战略能力、提高气象领导干部适应新时代气象事业发展的能力为重点开展相关专题培训。突出问题导向、实践导向，按照大力提升气象干部的战略思维、全球视野、政策执行、依法行政、统筹协调等能力的需要，组织开展科学管理、法规标准、组织人事、财务管理、媒体沟通、宣传科普、科技英语、网络安全、应急管理、安全生产等务实管用的专题培训，帮助气象干部丰富专业知识、提升专业能力、锤炼专业作风、培育专业精神，着力培养又博又专、底蕴深厚的复合型气象干部。实施“万名气象干部专业化能力提升计划”（附件 2）。

（四）业务岗位培训

建立基于气象业务岗位胜任力的分层分类气象业务岗位培训培训大纲和课程标准，覆盖天气预报、气候预测、信息网络、气象服务及县级综合业务岗等位各主要业务岗位专业技术人员，满足初级、中级、高级不同层次岗位需求；按照发展全球气象业务、智慧气象业务和研究型业务，服务气象业务统筹集约发展的新要求，加强业务岗位培训课程及教材资源建设，组织开展以普遍提升气象从业人员基本业务素质为目标的岗位知识和技能培训，保障主要业务岗位人员至少 5 年轮训 1 次，提升业务岗位培训对高质量高水平气象现代化建设的支撑能力。

（五）气象新技术新方法培训

依托气象重大工程和业务建设项目，开展新系统、新设备、新技术、新产品、新业务流程应用推广专项培训；围绕气象现代化建设新要求及气象业务新进展，组织开展数值预报模式研发、数值预报产品开发应用、气象卫星资料开发应用、雷达产品开发应用、多源数据融合产品开发应用、公共气象服务产品开发应用等现代气象业务新技术新方法培训；应用现代教育培训理念，针对现代大气科学国际前沿进展、交叉学科进展、应用领域进展，开展面向气象业务的新理论新知识培训；组织开展以智慧气象为重点的互联网、大数据、云计算、人工智能等现代信息技术应用培训及提升“一带一路”气象保障能力的全球气象业务相关培训。

四、优化分类分级气象干部培训体系

（一）司局级干部

围绕培养造就信念过硬、政治过硬、责任过硬、能力过硬、作风过硬的司局级干部队伍，以提高政治素质、增强党性修养为根本，以提升专业化能力和开拓创新、驾驭全局、科学决策、危机管理等能力为重点，加强气象部门司局级干部培训。

主要措施：

1. 中国气象局每年安排50名左右司局级干部到中央党校(国家行政学院)和中国浦东、井冈山、延安干部学院等中央干部院校参加系统理论学习、党性教育培训和专业化能力专题培训。

2. 中国气象局每年安排30名左右司局级干部参加中央和国家机关司局级干部专题研修,逐步将专题研修对象扩展到省(区、市)气象局司局级干部。

3. 根据贯彻落实党和国家重大决策部署、中国气象局党组重大战略部署的需要,适时在中国气象局党校举办司局级干部集中轮训。

4. 中国气象局统筹安排司局级干部专业化能力提升培训,每名司局级干部5年内至少参加1次1～2周的专题培训。组织司局级干部按要求参加任职培训。组织司局级干部参加中国干部网络学院培训,争取实现全国气象部门司局级干部参加全国干部网络学院学习培训全覆盖。

5. 省级气象部门要积极选派司局级干部参加省级党校(行政学院)的培训。积极选派党外干部参加统战部门组织的培训。

(二)处级干部

围绕培养造就符合新时代好干部标准的高素质专业化处级干部队伍,以提高政治站位、管理能力、专业水平、创新能力和职业素养为重点,加强气象部门处级干部培训。

主要措施:

1. 中国气象局党校每年组织开展不少于30名处级干部参加系统理论学习培训。中国气象局人事司统一安排全国气象部门新提任处级领导干部参加任职培训,其中正处级领导干部任职培训由中国气象局气象干部培训学院承担,副处级领导干部任职培训主要由河北、辽宁、安徽、湖南等分院承担。根据需要,每年组织300名左右处级干部到中国气象局气象干部培训学院及相关分院参加1周左右的专业化能力提升专题培训。

2. 根据贯彻落实党和国家重大决策部署、中国气象局党组重大战略部署的需要，中国气象局人事司统筹部署全国气象部门处级领导干部集中轮训，中国气象局党校负责开展中国气象局机关及直属单位的处级干部轮训，各省（区、市）气象局按要求组织开展本单位处级干部轮训。培训分院（党校分校）可根据区域内各省（区、市）气象局需要，承担区域内相关省级气象部门处级干部的集中轮训任务。

3. 各省（区、市）气象局、各直属单位、各内设机构按要求选派处级干部参加中国气象局安排的培训，负责组织开展本单位处级干部的其他培训，各省（区、市）气象局积极选派处级干部参加省级党校（行政学院）的培训，确保处级干部达到规定的培训量。

（三）机关公务员

落实公务员法和各项公务员制度对公务员培训的规定，围绕建设高素质专业化公务员队伍，以加强思想政治建设、职业道德建设和业务能力建设为重点，准确把握岗位特点和不同需求，加强对气象部门参照公务员法管理人员的培训。

主要措施：

1. 中国气象局气象干部培训学院负责牵头建设全国气象部门公务员初任培训课程体系，负责开展示范培训。河北、安徽、湖南、四川等分院按照相对统一的教学计划，负责按区域开展省、市、县三级气象部门新录用公务员的初任培训。初任培训一般在 9 月底前完成，学制 12 天左右。

2. 中国气象局人事司负责安排中国气象局机关公务员的培训，各省（区、市）气象局负责组织本省处级及以下公务员的培训，每年安排不少于 20％的机关公务员参加培训。

3. 各级气象部门积极选派公务员参加国家和地方公务员主管部门组织开展的培训，按照有关规定抓好本单位公务员的任职培训、专门业务培训和在职培训。

（四）专业技术人员

落实专业技术人员继续教育规定，围绕培养造就具有爱国奋斗、爱岗敬业精神，适应岗位需求的气象专业技术人才队伍，以提升思想政治素质、气象业务水平、科技创新能力和岗位适应能力为重点，加强专业技术人员培训，实施"万名气象专业技术人员知识更新计划"（附件2）。

主要措施：

1. 中国气象局人事司会同相关职能司，梳理各主要业务岗位职责，统筹制订分层分类的业务岗位培训计划，指导全国各级气象部门专业技术人员分层分类培训工作。

2. 中国气象局各职能司要将主管业务领域的气象新技术新方法培训与业务现代化建设、重大工程项目建设同步谋划、同步推进，负责提出相关领域气象新技术新方法的培训需求，并统筹安排相关培训所需经费。

3. 针对各层次气象业务人员开展岗位轮训，每年培训7000人左右。省级以上各主要业务岗位轮训由国家级培训机构及有关高校组织完成，基层业务岗位轮训由各省（区、市）气象局负责。

4. 针对各层次气象业务人员开展新技术新方法培训，每年培训2300人左右。省级以上专业技术人员培训由中国气象局气象干部培训学院负责，基层专业技术人员培训由各省（区、市）气象局负责。

5. 面向高层次气象人才举办以提高政治站位、弘扬爱国奋斗精神为主题的高级研修班，由中国气象局气象干部培训学院负责，每年培训40人左右。

（五）年轻干部

围绕培养数量充足、充满活力的高素质专业化气象年轻干部队伍，把培养政治素质放在首位，以提升理想信念、思想道德、优良作风为重点，抓好理论武装和党性锻炼，不断增强干部政治定力、纪律定力、道德定力、抵腐定力，加强气象年轻干部培训。实施“千名气象年轻干部能力提升计划”(附件 2)。

主要措施：

1.各级气象部门根据优秀年轻干部培养目标，有计划地安排年轻干部到党校(行政学院)、中国气象局气象干部培训学院和党性教育基地接受系统理论教育和严格党性教育。积极创造条件选派年轻干部参加以提升领导能力和管理能力为主题的国(境)外培训。

2.中国气象局党校每年举办中青年干部培训班，学制 3 个月，选调全国气象部门年轻干部参加培训，确保 3 年内参加 1 次 3 个月的系统化培训。

3.各省(区、市)气象局、各直属单位组织做好本单位年轻干部培训及选训工作，确保 3 年内参加 1 次 1 个月以上的系统化培训。

(六)科级和其他干部

围绕培养守信念、讲奉献、有本领、重品行的高素质专业化基层干部队伍，以提高政治觉悟和改革创新、依法办事能力为重点，加强县气象局长培训，统筹做好其他科级及以下干部培训。

主要措施：

1.中国气象局人事司统一安排全国气象部门县气象局长任职培训，每年在湖北、四川分院等培训机构举办 4 期左右学制 2 周的县局长任职培训班。各省(区、市)气象局承担本省其他科级干部的任职培训，做到全覆盖。

2.各省(区、市)气象局每年分期分批举办县气象局长岗位培训，确保县气象局长 5 年内要参加 3～5 次不少于 1 周的培训。

3.贯彻落实全国组工干部教育培训规划、全国巡视巡察干部教育培训规划、全国党员教育培训规划等专项培训规划和其他干部培训要求，按照分工负责、分级实施的原则，开展气象部门组织人事干部、巡视巡察干部、党务干部和党员以及其他干部培训工作。

4. 各省(区、市)气象局、中国气象局直属单位组织开展本单位科级及其他干部培训,确保达到规定的培训量。

(七)新入职人员

围绕建设高素质干部队伍,以思想政治建设、职业道德建设为重点,适应岗位需求,传承气象人精神,加强新入职人员的入职培训和非气象专业毕业生气象基础知识培训。

主要措施:

1. 中国气象局气象干部培训学院负责牵头建设全国气象部门事业单位新进人员入职培训课程体系,形成全国气象部门主干课程相对统一、各单位特色课程有效补充的入职培训课程体系。

2. 中国气象局气象干部培训学院负责组织实施中国气象局直属单位新进人员的入职培训,各省(区、市)气象局按规范化的课程体系统一组织实施全省气象部门新进人员的入职培训。新进人员入职培训一般在 9—10 月完成,学制 1 周左右。

3. 2019 年底前,中国气象局气象干部培训学院负责优化非气象专业毕业生气象基础知识培训,形成网络培训与面授培训相结合的课程体系。其中网络培训由中国气象局气象干部培训学院会同学员所在单位组织实施;面授培训学制 1 个月左右,由中国气象局气象干部培训学院、相关分院和高校共同承担,一般应在入职 1 年左右完成培训。

(八)面向政府、行业和社会的培训

围绕气象保障国家综合防灾减灾救灾、生态文明建设和经济社会发展,聚焦提升气象服务效益,加强面向各级党政领导干部、行业和企业重大气象服务用户、媒体、气象协理员和信息员、社会公众的培训。

主要措施:

1. 中国气象局争取中央组织部等单位支持,加强与相关部委和国家级培训机构合作，通过联合举办地方党政领导干部专题研讨班，在相关培训班中增加气象类课程、讲座、现场教学等，开展面向省部级、厅局级领导干部的培训。

2. 省（区、市）气象局争取地方组织部门支持，重点加强面向县级党政领导干部的气象防灾减灾和相关专题培训。

3. 各级气象部门围绕气象保障国家战略和行业需求，积极面向农业农村、生态环境、资源能源、航空航天等行业和新闻媒体、能源企业、社会气象服务企业等重大气象用户开展专题培训。

4. 省级以下气象部门配合各级地方政府加强对气象协理员、气象信息员的专业培训。各单位面向社会公众特别是中小学生等重点人群和农村等重点地区，开展气象基本知识、气象信息使用、气象灾害救助等气象科普宣传教育，不断提高全民气象素质。

五、建强气象培训保障体系

（一）培训机构建设

加强中国气象局气象干部培训学院（中国气象局党校）、培训分院（党校分校）能力建设，坚持以教学为中心，紧扣主责主业，形成优势互补、分工明确、特色突出、开放合作的国家级气象干部教育培训体系，发挥其主渠道主阵地作用。中国气象局气象干部培训学院（中国气象局党校）重点承担正处级以上干部培训、优秀年轻干部培训、高层次专业技术人才培训；开展全国统一布局的基础性培训和示范培训；牵头负责全国气象培训课程体系建设、教材讲义建设、网络培训资源建设和师资库建设；负责对培训分院（党校分校）和省级培训机构的业务指导。培训分院（党校分校）重点承担全国统一布局的副处级干部培训、县气象局长等重点岗位科级干部培训、中高级专业技术人员培训和基础性培训；按照任务分工和培训特色，开展特定领域的管理干部培训和专业技术人员培训；按照区域布局，承担所在区域各省处级以下干部和专业技术人员的培训；负责优势领域的课程体系建设和培训资源建设。省级气象部门加强本省气象培训机构建设，发挥其在本省基层干部培训和基础培训中的作用。根据中央和国家机关培训疗养机构改革工作的整体部署，稳妥推进气象部门培训机构改革。加强与部门外干部教育培训机构和高等院校的交流协作，推进优质培训资源共享。

（二）师资队伍建设

建立健全师资考核评价、岗位设置和激励机制，实施气象教学名师制度，培养和造就一批骨干专职教师，在全国气象部门遴选100名左右教学效果好、理论功底深的优秀兼职教师。有计划地安排专职教师参加学习培训、调查研究、访问进修和挂职锻炼。实施领导干部上讲台制度，鼓励退休干部返聘任教。建成全国气象部门统一共享、规范管理、动态更新的气象培训师资库。

（三）课程体系和教材建设

认真学习贯彻习近平总书记为第五批全国干部学习培训教材所作《序言》精神，用好第五批教材，气象干部培训机构围绕教材内容开发设置相关课程。国家级气象培训机构组织建立健全气象干部教育培训课程体系、教材建设指南，组织开发一批适应气象干部履职需要的好教材，遴选一批符合气象干部学习特点的好课程、好课件、好案例。建立完善培训教材讲义编写、修订和培训内容更新机制。5年内评审推介气象干部教育培训好教材10种左右、好课程30门左右。

（四）培训方式方法创新

根据培训内容要求和气象干部特点，不断改进方式方法，加强研讨式、案例式、模拟式、体验式等方法在教学中的运用。加强气象干部教育培训案例库建设。探索运用访谈教学、论坛教学、行动学习、翻转课堂等方法。各级气象部门充分运用网络培训、专题讲座等形式开展各方面基础性知识学习。

（五）网络培训能力建设

统筹用好中国气象远程教育网和各类网络培训资源，形成兼容、开放、共享、规范的全国气象干部网络培训体系。推动人工智能、可视化技术、移动互联网、慕课、虚拟现实技术在气象教育培训中的深度运用。优化气象网络培训课程体系，加强优质网络课件资源建设，建成种类齐全、动态更新、务实管用的课件资源库，5 年内遴选气象教育培训优质课件 3000 学时。加大网络培训力度，面向各级各类气象干部组织开展针对性的网络培训。推进线上线下相结合的气象培训模式，使网络培训成为面授培训的重要补充。严把网络培训的政治关、质量关、纪律关。

（六）学风建设

在气象干部教育培训中大力弘扬理论联系实际的马克思主义学风，做到学以致用、用以促学、知行合一。把讲政治贯穿教学、科研、管理全过程，严以治校、严以治教、严以治学。坚持艰苦奋斗、勤俭办学。严格教师管理，严肃讲坛纪律。加强学员管理，严格执行《关于在干部教育培训中进一步加强学员管理的规定》。定期开展学风督查。

（七）理论研究

充分发挥气象干部教育培训机构的研究交流平台作用，围绕中央和中国气象局党组重大决策部署设立重点研究专项，开展党的基本理论和气象部门重大现实问题研究。各级气象部门要加强气象干部成长规律和教育培训规律研究，将气象干部教育培训理论与方法研究列入科研项目指南。加强气象干部教育培训学科建设与研究。

（八）基础设施建设

紧跟气象现代化发展需要，依托有条件的气象干部教育培训机构，建设一批特色教学基地，建成若干党性教育、气象文化、模拟演练等主题教室。按照少而精的原则，建设若干气象干部党性教育基地，充分用好各级党性教育基地，统筹安排气象部门党员干部参加党性教育。改善学员食宿和培训教学条件，满足气象干部教育培训需要。

（九）经费保障

各级气象部门加大对干部教育培训的经费投入，将培训经费列入年度财政预算，确保干部培训工作需要。在气象事业发展规划和有关专项规划中统筹安排培训项目，在各类气象工程项目中设立培训专项经费，保证专款专用。加强气象干部教育培训经费管理，严格执行有关规定，提高使用效益。

六、健全气象干部培训制度体系

（一）完善需求调研制度

牢固树立按需培训理念，突出组织需求和岗位需求，把需求调研贯穿于训前、训中、训后全过程。建立健全气象干部教育培训与干部选拔、管理、监督之间的协调机制，健全气象干部教育培训主管部门与培训机构、干部所在单位之间的协调会商机制，精准把握培训需求，共同制订实施干部培训培养计划。完善组织调训制度，加强统筹协调，加强培训登记管理，健全气象干部教育培训电子档案信息系统，严格审核把关，避免多头调训、重复培训、长期不训等问题。

（二）健全教学组织管理制度

加强气象干部教育培训全流程精细化管理。推行培训项目负责制。建立健全集体备课、教学督导、评价反馈等制度。中国气象局党校主体班次要成立临时党支部，强化学员自我管理。建立健全跟班管理制度，加强对跟班联络员和班主任的教育管理，加强培训管理者的培训。

（三）建立健全考核评价制度

全面准确地考核评价学员的学习态度和表现、理论知识掌握程度、党性修养和作风养成情况以及解决实际问题的能力等。对相关培训班开展党的理论、党章党规党纪等基本知识测试。优化改进干部网络学习考核方式。加强气象干部选拔、培养、管理、使用工作的统筹，对中青年干部培训班等主体班次强化跟班考察，注重在培训中了解学员表现，为培养、考察、识别干部提供参考。完善培训情况登记、反馈、跟踪管理等制度。

（四）健全气象干部教育培训质量评估制度

坚持定量与定性相结合，完善气象干部教育培训质量评估指标体系，全面开展办学质量评估、项目质量评估和课程质量评估。2023 年前对国家级气象干部教育培训机构评估一遍，将评估结果与承担培训任务的准入与退出挂钩。完善课程质量、项目质量评估制度，推动气象教育培训评估信息化建设，2019 年底前国家级重点培训班次全面实现课后即评。

（五）建立健全气象干部教育培训督查制度

中国气象局人事司定期组织对全国气象干部教育培训工作情况开展督查和通报，发现问题及时整改。将开展干部教育培训工作情况纳入各级领导班子考核内容，开展选人用人工作检查应当注意了解新提拔干部接受教育培训情况。

七、加强组织领导

气象部门各级党组（党委）要认真落实党建主体责任，把干部教育培训工作纳入本单位党的建设整体部署和工作规划，加强领导，统筹安排。党组（党委）主要负责同志要切实履行职责，及时解决干部教育培训工作中遇到的困难和问题。成立气象干部教育培训指导委员会，定期研究培训工作，加强统筹协调指导。

中国气象局人事司负责对本规划的实施细化任务分工，进行督导和检查，组织开展中期和 5 年总结评估，各部门各司其职、密切配合、形成合力。各省（区、市）气象局和中国气象局直属单位要围绕本规划提出的目标和任务，结合实际制定本单位培训规划或实施意见，并抓好贯彻落实。

附件:1.气象干部教育培训量化指标(略)

2.气象干部教育工作重点项目(略)

气象发展规划管理办法

（气发〔2019〕84 号）
2019 年 10 月 24 日

第一章　总　则

第一条　为加强规划管理，理顺规划关系，规范编制程序，保障规划实施，提高规划质量，更好发挥气象发展规划战略导向作用，依照国家有关法规制定本办法。

第二条　气象发展规划的编制、审批、实施、调整和管理，适用本办法。

第三条　气象发展规划是气象事业发展在规划期内的阶段性部署和安排，主要阐明气象发展目标、明确阶段工作重点、引导规范建设行为，是指导气象事业发展、制定重大政策、确定工程项目的重要依据。

第四条　气象发展规划体系以国家级总体规划为统领，以区域规划和专项规划为支撑，由国家级、省级规划共同组成。国家级气象发展规划包括总体规划、区域规划和专项规划，省级气象发展规划包括总体规划和专项规划。

第五条　国家级总体规划即全国气象发展五年规划，是气象事业发展战略性、全局性、纲领性文件，规划立足部门、涵盖行业、面向社会，在气象发展规划体系中具有统领作用，是其他各级各类气象规划的总遵循。省级总体规划是同级专项规划的遵循。

区域规划是以对接国家重大战略区域及气象业务协同发展区域为对象，以保障国家重大战略部署、协调解决区域重大气象问题为重点编制的规划，是指导特定区域气象事业协调发展的依据。

专项规划是以气象特定领域为对象编制的规划，重点围绕国家战略保障需求、经济社会发展需要、气象核心业务、科技创新和人才培养以及基层基础工作等领域，是总体规划在特定领域细化落实的依据。

第六条 印发实施的气象发展规划对各级气象部门具有指导和约束作用，未经批准不得修改。

第七条 中国气象局计划财务司负责全国气象发展规划的归口管理，牵头统一规划体系建设和国家级总体规划的组织编制、审查和实施等工作；中国气象局各内设机构负责本领域专项规划组织编制、审查和实施等工作；省级气象部门负责本级相关规划的编制、审批（查）、实施和管理等工作；中国气象局气象发展与规划中心承担全国气象发展五年规划、国家级区域规划、重大专项规划的研究编制等工作。

第二章 发展规划的编制

第八条 全国气象发展五年规划编制之初，由中国气象局各内设机构提出国家级专项规划和区域规划编制需求，中国气象局计划财务司拟定气象发展规划体系构成及年度规划编制计划，报中国气象局批准后实施。未纳入年度规划编制计划的规划原则上不得编制。

第九条 气象发展规划编制应坚持国内国际、当前长远、重点难点以及战略性与约束性、规范性与开放性统筹兼顾的原则。专项规划原则上限于各业务领域的综合性规划以及为落实各领域重大政策和重大改革举措，或有重大立项需求的支撑性规划；区域规划原则上限于对接国家重大战略部署、推进气象业务跨区域协调发展的规划。属于日常管理工作或任务周期少于三年的原则上不编制规划。

第十条 需报请国务院审批的气象发展规划，由中国气象局计划财务司报中国气象局审定后，送国家发展改革委纳入规划目录清单；需中国气象局、国务院相关部门审批或联合审批的规划，由中国气象局计划财务司送国家发展改革委备案。

第十一条 国家级总体规划、对接国家重大战略专项规划以及区域规划由中国气象局计划财务司组织编制；除对接国家重大战略专项规划之外的国家级专项规划由其他内设机构组织编制；省级总体规划和专项规划由省级气象部门组织编制。

第十二条 列入年度编制计划的发展规划，应由规划组织编制单位制定工作方案，报中国气象局批准后组织编制。工作方案包括规划编制的必要性、主要内容、规划期、进度安排、衔接范围、审批方式等。

第十三条 编制气象发展规划，应当履行前期研究、起草、征求意见、衔接、论证、审批、发布等程序。

第十四条 前期研究应当坚持目标导向、问题导向、战略导向相统一，开展基础调查、信息搜集、课题研究等工作，研判气象新技术发展趋势，研究气象领域重大工程、重大改革举措和重大政策。

第十五条 发展规划的内容一般包括：上一个规划期发展规划实施情况、发展趋势和现状分析、发展目标、总体布局、主要任务、工程项目和保障措施等方面。发展目标应尽可能量化细化，涉及的指标应包括预期性指标和约束性指标。主要任务要具体明确，工程项目方案切实可行，保障措施务实有效。规划期一般为五年，可以展望到十年。

第十六条 规划组织编制单位应广泛听取有关部门、机构、组织、专家及公众意见。涉及国家或部门秘密的除外。

第十七条 需与国务院有关部门和地方政府衔接的发展规划应由规划组织编制单位将规划草案送相关单位进行衔接。区域规划和专项规划应与总体规划衔接，下级规划应与上级规划衔接。规划草案未经衔接不得组织论证。

第十八条 规划组织编制单位应组织有关领域专家对规划草案进行充分论证，并出具书面论证报告。规划草案未经论证不得报送审批。

第十九条 按目录清单管理的发展规划，由中国气象局计划财务司报中国气象局审定后，报请国务院审批；按备案管理的发展规划由中国气象局计划财务司报中国气象局审批，联合审批的发展规划应会同国务院相关部门共同审批。

第二十条 省级总体规划一般由地方政府或地方规划发展改革部门审批；省级专项规划由省级气象部门审批。

第二十一条 经审批的发展规划应及时公布。规划组织编制单位应做好宣传解读，法律、法规及规章等另有规定的除外。

第三章 规划实施和评估调整

第二十二条 发展规划经批准公布后，规划组织编制单位负责及时制定实施方案，明确责任分工，确定时序进度，落实具体措施。

第二十三条 各级气象部门应将发展规划提出的发展目标和重点任务根据时序安排落实到年度重点工作计划，将发展规划确定的主要指标分解纳入年度指标体系，明确发展规划提出的重大工程项目的年度实施要求。

第二十四条 围绕发展规划确定的战略目标和任务要求，各级气象部门应强化规划实施与财政预算的统筹协调，在政策、资金等方面予以保障，统筹财力可能合理安排财政支出规模和结构。

第二十五条 建立健全规划编制人才培养、队伍建设保障机制，在规划人才队伍建设方面提供支撑保障。

第二十六条 各级气象部门应加强对相关发展规划实施情况的监督检查，及时纠正违反发展规划的行为。发展规划组织编制单位应加强对规划实施的督促指导，对于预计难以完成的约束性指标、重点任务、重大工程项目等及时提醒并向审批单位报告。

第二十七条 规划组织编制单位应对发展规划实施情况进行监测、评估和总结。发展规划实施的第三年应组织开展中期评估，实施期满应组织开展总结评估。重点评估实施情况及存在的问题，提出下一步规划实施建议，形成评估报告报审批单位，并在相关范围内公布。

第二十八条 各级气象部门应加强评估报告成果运用，作为发展规划编制实施、调整修订的重要依据。

第二十九条 经评估确需对发展规划进行调整修订的，由规划组织编制单位提出修编方案，报请原审批单位同意后进行修编，并提请原审批单位审批。区域规划、专项规划的规划期与总体规划不一致的，应根据同期总体规划的战略安排对规划目标任务适时进行调整修订。

第三十条 坚持事业发展规划先行的原则，发展规划体系应实现对规划期内气象事业改革发展重点任务的全覆盖，强化发展规划对任务部署、投资方向、预算安排、工程项目建设等的约束作用，不予安排不符合发展规划要求的工程项目和预算投资。各级气象部门及其有关单位违反发展规划限制性、禁止性规定的，由中国气象局责令改正并通报批评。

第四章　附　则

第三十一条　国家级和省级的气象发展规划适用本办法。法律、法规及规章对编制和实施发展规划另有规定的，从其规定。省级气象部门可参照本办法对本地区发展规划进行管理。

第三十二条　本办法自印发之日起施行。《气象发展规划管理暂行办法》（气发〔2010〕115号）同时废止。

中国气象局关于大力促进气象部门专业气象服务改革发展的意见

（气发〔2019〕88 号）

2019 年 10 月 29 日

专业气象服务是为满足人民美好生活需要，适应国民经济和社会发展各领域特定和个性化需求提供的气象服务，是中国特色现代气象服务体系的重要组成部分，关乎气象工作全局，关乎国家发展大局。推动专业气象服务改革发展是深化气象服务供给侧结构性改革的关键举措，是推进气象科技创新的必由之路，是破解部门发展难题、促进气象事业持续稳定发展的重要抓手。近年来，随着决胜全面建成小康社会进程的推进，新的专业气象服务需求不断激发，专业气象服务逐渐成为日益活跃的信息服务热点，发展潜力巨大。与此同时，气象部门专业气象服务不平衡不充分的问题依然突出，科技水平不高、发展无序、机制不灵活、内生动力不足、市场竞争力不强等问题长期存在。为提高气象部门专业气象服务水平，更好发挥气象为决胜全面建成小康社会和现代化经济体系建设的保障作用，现提出以下意见。

一、总体要求

(一)指导思想

以习近平新时代中国特色社会主义思想为指导,全面贯彻党的十九大和十九届二中、三中全会精神,坚持新发展理念,坚持高质量发展,坚持以问题为导向,以质量变革、动力变革和效率变革为主线,充分调动气象部门的积极性和创造性,主动服务和融入国家重大战略,更好服务于国民经济和社会发展,把专业气象服务发展成为新时代气象现代化的新增长极、气象科技创新的试验田、气象融入经济社会发展的主战场。

(二)基本原则

坚持公共气象发展方向。面向人民美好生活向往,面向国家重大战略,面向现代经济体系建设,拓展服务领域,提高服务供给能力和质量,以专业气象服务的发展带动公共气象服务能力和水平的进一步提高。

坚持问题导向。以改革思维,围绕专业气象服务科技内涵不够、缺乏有效激励机制、部门无序竞争、国有企业规模发展、有效供给不足等基层反映强烈的问题,出台针对性、可操作性强的政策和举措,确保改革取得实效。

坚持创新驱动。尊重和发挥基层的首创精神和担当精神,学习借鉴外部门创新经验和激励政策,鼓励创新专业气象服务核心技术、发展模式、体制机制和政策举措。鼓励试点探索,不断总结试点成效。允许试错,宽容失败。

坚持分类施策。以政府购买服务为重点,切实发挥气象事业单位在公共气象服务中的主体作用。以做优做强国有企业、实现国有资本保值增值为目标,切实发挥国有专业气象服务企业在市场竞争中的主体作用。

坚持统筹兼顾。突出地方特点,发挥比较优势,构建特色明显、优势互补的全国专业气象服务发展格局。专业气象服务改革涉及业务、科技、政策等领域，要加强顶层设计和总体规划，强化各职能部门协同配合、齐抓共管。

（三）总体目标

到2022年，支撑专业气象服务的观测站网、科技创新和人才队伍建设等取得明显进展，有利于激发气象事业单位发展活力的科技成果转化、收入分配、人才激励、管理机制以及事企合作机制逐步健全，气象事业单位专业气象服务创新供给能力和支撑全社会发展的能力稳步提高，国有专业气象服务龙头企业作用得到发挥，专业气象服务供给能力和效益得到明显提升。

二、主要任务

（四）分类推进专业气象服务发展

保障政府及相关组织履行公共服务职能所需要的生态、农业、交通、旅游、海洋、森林草原火险、地质灾害等公益性专业气象服务，以气象事业单位提供为主，国有专业气象服务企业提供为辅，积极推动以政府购买服务的方式配置所需资源。为保障企业和个人开展市场竞争所需要的金融保险、远洋导航、商业、能源等市场化专业气象服务由国有专业气象服务企业提供为主，坚持效益导向，打破属地原则，发挥市场在资源配置中的决定性作用。气象事业单位可在确保公共气象服务目标完成前提下，依托自身技术优势，参与和主业相关的市场竞争。

（五）提高气象服务中心创新供给能力

坚持错位发展、优势互补的原则，优化全国专业气象服务发展布局，将国家和省级气象服务中心建设为重点突出、特色鲜明的分领域、专业化气象服务实体，实现一地发展、辐射全国。根据专业气象服务发展布局，支持重点区域在重点领域发展智慧专业气象服务，研发基于影响的专业气象服务技术和模式，建设多元数据融合、多种技术集成、适应多种传播介质的智能化专业气象服务平台。鼓励气象服务中心建立完善与其他业务单位、国有专业气象服务企业间技术合作、成果转化、互动反馈和效益评价机制，与行业用户共建共享、融合互动的服务机制。

（六）发展国有专业气象服务企业

支持国有专业气象服务企业发展专业气象服务核心技术，建设专业气象服务平台，形成专业气象服务核心能力。以增强企业活力、实现国有资本保值增值、提高经济效益为主要目标，以创新商业模式为导向，提高国有专业气象服务企业需求获取、市场拓展和经营以及资本运作能力。深化国有专业气象服务企业改革，建立完善现代企业管理制度。做强做优做大国有专业气象服务企业，发挥重点国有企业在重点领域市场竞争中的龙头作用。

（七）建设重点领域专业气象服务联盟

推广特色农业气象中心发展模式，以长江航运、远洋导航、金融保险气象服务为试点，成立跨区域跨单位专业气象服务联盟，建立联盟成员分工机制和分配机制，促进技术、市场等方面的优势力量整合，对外树立品牌、对内形成示范。在试点基础上逐步在交通、能源、生态等领域推广，实现重点领域专业气象服务集约化、规模化发展。支持重点国有企业联合国家级、省级气象部门打造专业气象服务软件开发龙头企业，探索资本入股、统一经营、市场运作、利益风险共担的运作模式，面向部门内外开展专业气象服务软件研发。

（八）强化专业气象服务基础支撑

实施专业气象服务科技提升行动。制定专业气象服务科技研发项目年度指南，统筹设计重大业务和科研项目，并组织实施。依托重点国有气象服务企业，建设聚焦重点领域的气象产业科技创新联盟，建立部门内外联合、事企协同的产学研长效协同创新机制。实施支撑专业气象服务的观测站网建设行动。面向农业、生态、海洋、能源、交通、旅游等重点领域，根据不同的服务性质，分类推动专业气象观测能力建设。鼓励通过服务对象自建、合建或者基于服务收益的形式，提升以满足服务对象个性化需求的专业观测能力。完善与专业气象服务相适应的气象观测运行管理制度，实施专业气象地面观测装备分类认证管理。实施专业气象服务人才“头雁”行动。依托新时代气象高层次科技创新人才计划，遴选专业气象服务重点领域“头雁”领军人才，组建由其领衔的专家创新团队。打造若干支紧扣需求、特色鲜明、技术领先、竞争力强的“国字号”专业气象服务高层次团队，树立一批专业气象服务示范典型，发挥专业气象服务的“头雁”科技引领与示范作用。

（九）加强专业气象服务规范化管理

探索建立专业气象服务市场合作备案公示制度、商务谈判保护期机制、恶意竞争处罚机制，建立气象部门专业气象服务监督管理平台，避免部门内无序竞争。完善气象数据管理制度，规范气象数据对外提供，建立气象数据对外统一服务机制，确保数据安全。建立完善专业气象服务标准规范体系。

（十）建立完善专业气象服务激励机制

鼓励气象事业单位通过技术开发、技术转让、技术咨询、技术服务等业务渠道，以科技成果转化的方式建立与国有专业气象服务企业间的技术合作“纽带”，加强科技成果转化工作。贯彻落实好《中共中国气象局党组关于增强气象人才科技创新活力的若干意见》和各地相关政策，按规定落实好科技成果转化收益分配制度。各事业单位在核定的绩效工资总量内，完善内部考核制度和绩效工资分配办法，体现效益优先，落实服务业绩与奖励性绩效分配挂钩机制。合理确定各气象企业的目标任务，建立健全企业工资决定机制。

三、保障措施

（十一）强化组织领导和考核评估

各省（区、市）气象局要成立专业气象服务改革发展领导小组，明确专业气象服务重点发展方向，制定审定专业气象服务发展配套措施。中国气象局相关职能部门要按各自职责分工，做好专业气象服务统筹规划、业务发展、市场监管、预算管理、绩效考核、科技创新、标准建设、数据安全管理、观测网络支撑、人才队伍建设等工作。加强对本意见落实情况跟踪分析评估，建立全国专业气象服务发展定期通报制度，将专业气象服务发展情况纳入年度综合考评内容。

（十二）健全投入保障机制

建立国家财政保障、政府购买服务相结合的公益性专业气象服务投入保障方式。强化综合预算管理，将专业气象服务收入纳入综合预算管理。鼓励各级气象部门围绕区域发展战略和本地特色需求，明确专业气象服务重点领域，推动相关专业气象服务纳入本地政府购买服务清单，推动建立重点领域专业气象服务政府购买机制。建立专业气象服务收入反哺气象业务发展机制。

中国气象局职称评审管理办法

（气发〔2019〕89号）

2019年11月1日

第一章　总　则

第一条　为进一步建立健全科学客观公正的气象专业技术人才评价机制，加强职称评审管理工作，促进气象专业技术人才开发使用，根据国家职称改革精神和《职称评审管理暂行规定》要求，结合实际，制定本办法。

第二条　职称评审是按照评审标准和程序，对专业技术人才品德、能力、业绩的评议和认定。职称评审结果是专业技术人才聘用、考核、晋升的重要依据。全国气象专业职称评审工作和气象部门开展专业技术人才职称评审工作，适用本办法。

第三条　职称评审坚持党管人才原则，坚持德才兼备、以德为先原则，科学公正评价专业技术人才的职业道德、创新能力、业绩水平和实际贡献，克服唯学历、唯资历、唯论文、唯奖项倾向。

第四条　中国气象局组织开展全国气象专业的工程系列、研究系列等职称评审，所有职称都包括正高级、副高级、中级、初级四个层级。未经授权的有关专业（或系列）的职称，可委托评审。

第五条 气象部门事业单位的职称评审一般应在岗位结构比例内开展，推动职称评审与岗位管理、聘期考核、绩效管理等事业单位人事管理制度有机融合、良性运转，促进评价与使用紧密衔接。

第二章 职称评审管理权限

第六条 职称评审工作实行分级管理。中国气象局负责指导、组织全国气象专业的职称评审工作，统筹协调全国气象部门的职称评审管理工作。负责组织制定气象专业职称评审条件，组建或授权组建高级职称评审委员会（以下简称职称评委会），委托评审有关专业（或系列）的正高级职称。

各省（区、市）气象局和有关直属单位按照授权开展气象专业工程系列副高级以下职称、研究系列中级以下职称评审工作；委托评审有关专业（或系列）的副高级以下职称。

第七条 各省（区、市）气象局负责接受本区域相关行业单位以及非公有制经济组织、社会组织、自由职业专业技术人才气象专业工程系列副高级以下和研究系列中级以下职称的委托评审工作。

第八条 各省（区、市）气象局和有关直属单位按照授权，可依据气象专业职称评审条件，结合本单位实际制定单位职称评审条件。单位条件不得低于气象部门职称评审条件。

第九条 中国气象局人事司是气象部门职称评审工作的综合管理部门。各省（区、市）气象局和各直属单位人事部门是本单位职称评审工作的综合管理部门。

第三章　职称评审委员会

第十条　按照职称评审权限分级组建职称评委会，承担相应职称评审工作。职称评委会负责评议、认定专业技术人才学术技术水平和专业能力，对组建单位负责，受组建单位监督管理。职称评委会按照职称系列或专业组建。

实行职称评委会专家库制度。职称评委会专家库可按照职称评审权限分级建立，从中遴选规定数量的评审专家组成职称评委会。建立职称评委会专家库和组建职称评委会时，应统筹不同岗位、不同专业方向等方面的专家结构，注意专家单位分布的广泛性，注重从业务科研一线遴选专家，适当遴选外部门、外单位的同行专家。职称评委会中，45 岁以下的青年专家应占适当比重；中级职称评委会中，具有高级职称的专家应不少于二分之一。

第十一条　中国气象局组建气象专业工程系列正高级职称评委会和研究系列高级职称评委会。各省（区、市）气象局、有关直属单位按照授权组建工程系列副高级职称评委会。

中级职称评委会、初级职称评委会由各省（区、市）气象局和有关直属单位根据需要按照有关规定组建。其中，授权中国气象科学研究院牵头组建国家级直属单位研究系列中级职称评委会。

第十二条　职称评委会的评审专家应具备以下基本条件：

（一）遵守宪法和法律法规，具有良好的职业道德，作风正派，办事公道，群众公认。

（二）在本专业领域具有相应层级或更高层级的职称。

（三）从事本专业领域工作，熟悉气象事业发展规划和布局，了解国内外本专业领域最新发展动态，系统掌握本专业领域相关理论知识，实践经验丰富。

（四）能够认真履行评审工作职责，自觉遵守评审工作纪律。

第十三条 职称评委会组成人员应当是单数。高级职称评委会的评审专家不少于25人;中级职称评委会的评审专家不少于15人。

每年应适当调整职称评委会评审专家的构成,调整人数不应少于三分之一,同时为保证评审工作的连续性,亦不应多于三分之二。

第十四条 职称评委会设主任委员1人,副主任委员1～2人。

第十五条 职称评委会、职称评委会专家库实行核准备案管理制度。各省(区、市)气象局和有关直属单位的副高级职称评委会、职称评委会专家库由人事司核准备案。

职称评委会专家库备案有效期不超过3年,有效期满后应当重新核准备案。在职称评委会专家库内遴选规定数量的专家组成的职称评委会不再备案。对于未建立职称评委会专家库的单位,其副高级职称评委会须每年核准备案。

第四章 职称申报基本要求

第十六条 气象部门事业单位、企业所有在职专业技术人才,相关行业企事业单位、非公有制经济组织、社会组织、自由职业的专业技术人才,都可按照所属管理部门的有关要求申报评审专业技术人才职称。事业单位中按照有关规定经批准离岗创业或兼职的科研人员,3年内可在原单位按规定正常申报职称,离岗创业或兼职期内工作业绩及取得的科研成果等可作为职称评审的重要依据。按照国家有关规定,在气象业务服务一线岗位从事技术技能工作的高技能人才,具有高级工以上职业资格或职业技能等级,符合气象专业工程系列职称评审条件,可参加工程系列职称评审。离退休人员不得申报参加职称评审。

申报评审的职称系列应与岗位工作相一致。其中，岗位工作以气象业务服务为主的人员，一般应申报气象专业工程系列职称。国家级科研院所、省级研究所中岗位工作以科研开发为主的人员，应申报气象专业研究系列职称；鼓励国、省两级气象事业单位中岗位工作以科研开发、成果转化应用为主的人员申报气象专业研究系列职称。

第十七条 申报职称评审的人员（以下简称申报人），应当遵守宪法和法律，具备良好的职业道德，符合相应职称系列或者专业、相应层级职称评审规定的基本条件。

在党纪处分影响期内，或在记过以上处分期间的人员，以及近3年在科研诚信方面有不良信誉记录的人员，不得申报。

第十八条 申报人一般应当按照职称层级逐级申报职称评审。破格申报应从严要求，原则上学历、资历不能同时破格；一般情况下，学历破格只能降低一个学历层次，资历破格只能提前1年。破格申报条件按照权限在评审条件中设定。

第十九条 实行代表性成果制度。代表性成果应与所从事工作密切相关，除论文、论著或译著外，还包括规划（计划）、咨询（服务）报告、专利成果，项目（工程）规划设计方案、技术报告、技术工作总结，软科学研究报告，以及标准规范、培训教材（教案）、视频（音频）作品、业务系统（平台）、科普策划方案等成果。

第二十条 外语水平和计算机应用能力不作为气象专业职称申报的必备条件。外语和计算机应用能力学习可作为专业技术人才继续教育学习内容之一。

第五章 职称评审程序

第二十一条 气象专业各层级职称评审工作一般每年开展一次。

第二十二条 高级职称评审工作程序一般包括评审信息发布、个人申报、资格审查、单位推荐、职称评委会评审、资格确认等。中级、初级职称评审可参考以上程序由各省(区、市)气象局和有关直属单位(以下简称各单位)自主确定。

(一)评审信息发布。按照权限发布年度职称评审工作安排,及时通知相关行业单位,并通过门户网站等平台向社会公告。可结合单位专业技术岗位实施情况下达职称申报推荐指标。

(二)个人申报。申报人按照申报要求向所在单位提交申报材料。

(三)资格审查。申报人所在单位人事部门应组织对申报材料进行审核,确认申报人具备申报资格且申报材料真实、完整、规范。申报材料不符合规定要求的,审查单位应当一次性告知申报人需要补正的全部内容。逾期未补正的,视为放弃申报。报上级单位组织评审的,上级人事部门应组织对申报人申报资格进行复核。

(四)单位推荐。各单位按照规定程序组织开展推荐工作,必要时可采取个人述职、面试答辩、材料评审等多种方式组织推荐初评。各单位党组(党委)按照德才兼备、以德为先,注重实绩、鼓励创新原则,综合岗位聘用、初评情况,通过集体研究确定推荐人选,并对申报人的品德、能力、业绩给出推荐意见和推荐排序。对推荐人选的申报材料进行不少于5个工作日的公示。

(五)职称评委会评审。职称评委会根据申报人专业技术水平和业绩贡献、专家评议情况,以及推荐单位的推荐意见和推荐排序,对申报人进行综合评议并投票。

(六)资格确认。评审结果由中国气象局或各单位按权限审批,并进行不少于5个工作日的公示。在公示期间反映的问题,由有关单位和部门进行核查并提出意见。

评审结果由中国气象局或各单位按权限发文确认,并按规定备案。资格时间自职称评委会投票通过之日起计算。

第六章　组织评审

第二十三条　职称评委会组建单位组织召开职称评审会议。评审会议由主任委员或副主任委员主持，出席评审会议的专家人数应当不少于职称评委会人数的三分之二。

第二十四条　职称评委会经过评议，通过无记名投票表决，同意票数达到出席评审会议的评审专家总数三分之二以上的即为评审通过。因故未出席评审会议或中途离会、未参加审议过程的评审专家不得投票，任何评审专家不得委托他人投票或补充投票。

第二十五条　职称评委会在主任委员的领导下，按照规定程序开展职称评审工作。职称评委会应遵循公平、公正原则，严格遵守评审纪律，全面履行评审职责，切实保证评审质量。

第二十六条　根据评审工作需要，职称评委会可以组成若干评议组，每个评议组评审专家不少于3人，负责对申报人提出书面评议意见；也可以不设评议组，由职称评委会3名以上评审专家按照分工，提出评议意见。评议组或分工负责评议的专家在评审会议上介绍评议情况，作为职称评委会评议表决的参考。

第二十七条　评审会议结束时，由主任委员或者主持评审会的副主任委员宣布投票结果，并对评审结果签字确认，加盖职称评委会印章。

第二十八条　评审会议应当做好会议记录，内容包括出席评审专家、评审对象、评议意见、投票结果等，会议记录归档管理。

第二十九条　评审会议实行封闭管理，评审专家名单不对外公布。评审专家和职称评审有关工作人员不得对外泄露评审内容，不得私自接收评审材料，不得利用职务之便谋取不正当利益。

第三十条　评审专家与评审工作有利害关系或者其他关系可能影响客观公正的，应当主动申请回避。人事部门发现上述情形的，应当通知评审专家回避。

第三十一条 职称评审实行诚信承诺制度。申报人应当对业绩成果等申报材料的真实性、准确性负责，并作出书面承诺；评审专家和评审工作人员须在评审会议前签订诚信承诺书，自觉接受监督，确保评审客观公正。

第三十二条 申报人对涉及本人的评审结果不服的，可以按照有关规定申请复查、进行投诉。

第三十三条 气象专业工程系列副高级职称评审结果由各省（区、市）气象局和有关直属单位在评审工作结束1个月内，函报人事司备案。备案材料包括评审工作总结、通过评审人员名单以及其他应当报告的事项。

第三十四条 调入气象部门的专业技术人才，或气象部门工程系列副高级以下职称及研究系列中级以下职称专业技术人才跨司局级单位流动时，其职称按照职称评审管理权限重新评审或者确认，国家另有规定的除外。职称重新评审或确认前后的任职时间连续计算。

第七章　气象专业职称认定

第三十五条 符合下列条件，可在首聘专业技术岗位时认定相应的气象专业职称：

（一）具备博士学位的，可认定气象专业工程师或助理研究员职称。

（二）具备硕士学位的，可认定气象专业助理工程师或研究实习员职称。具备大学本科学历或学士学位，1年见习期满并经考核合格的，可认定气象专业助理工程师或研究实习员职称。具备第二学士学位的，可认定气象专业助理工程师职称。

（三）具备大学专科或中等职业学校毕业学历，1年见习期满并经考核合格的，可认定气象专业技术员职称。

第三十六条 认定结果由各单位按权限审定，并进行不少于5个工作日的公示，公示无异议后发文确认。认定资格时间从符合认定条件之日起计算。

第八章 委托评审与转系列评审

第三十七条 气象部门职称评审工作中，委托外部门（或单位）评审或接受外部门（或单位）委托评审按以下规定实施：

（一）气象部门自行组织评审的职称不得委托外部门（或单位）评审。气象部门未经授权的有关专业（或系列）的职称一般应委托相关专业技术方向的主管部门（或单位）评审。

（二）委托外部门（或单位）评审职称，须由所在单位按照有关规定进行资格审查、材料公示，并根据本单位岗位设置情况、申报人岗位和工作情况，由党组（党委）研究决定是否同意推荐其委托评审。同意其委托评审的，按照权限出具单位委托函；未经单位同意取得的职称，不予认可。委托评审结果须按照职称评审管理权限确认，资格时间自职称评委会投票通过之日起计算。

委托评审人员的学历和资历应同时符合气象部门和被委托部门（或单位）的评审条件要求。

对会计、新闻出版等需要通过考试取得相应职称的人员，由各单位参照以上要求，按照职称评审管理权限对其进行资格审查、决定是否同意其参加考试，并对考试通过者予以资格确认。

（三）外单位委托气象部门评审职称，须按有关规定由申报人所在单位或所属人事（职改）部门出具委托函，且符合相应职称评审条件。

非公有制经济组织的专业技术人才申报气象专业职称评审，可以由所在工作单位或者人事代理机构等履行审核、公示、推荐等程序。

自由职业者申报气象专业职称评审，可以由人事代理机构等履行审核、公示、推荐等程序。

第三十八条 专业技术人才因工作需要调整专业技术岗位，一般应转系列评审与现岗位相适应的职称。转系列评审职称分为平级转评和晋级转评两种形式，按以下规定实施：

（一）平级转评职称的人员，转评系列应与其现专业技术岗位相对应，在现专业技术岗位工作满1年，且符合转评系列的职称申报条件。转评职称前后的任职时间可连续计算。

（二）气象专业工程系列和研究系列之间的晋级转评，以及与现从事气象专业技术岗位密切相关的非气象专业职称和气象专业职称之间的晋级转评，应与其现从事专业技术岗位相对应，并符合转评系列的职称申报条件。具有其他非气象专业职称的专业技术人才，须先平级转评至气象专业职称，取得气象专业职称2年后可申报高一层级职称。

第九章 监督管理

第三十九条 各单位应对职称评审相关政策、条件、程序、结果进行公开，加强对职称评审工作的监督检查，受理举报、申诉，并负责核查和裁定。

第四十条 各单位开展职称评审应当依法执行物价、财政部门核准的收费标准，自觉接受监督和审计。

评审专家的劳务报酬参照有关标准执行。

第四十一条 职称评审工作实行责任追究制度。

（一）申报人在申报材料中弄虚作假的，一经查实，取消其申报资格；已凭借此申报材料取得职称的，撤销其职称，对申报人记录不良信誉，在之后3年内不允许其申报职称。

（二）评审专家在评审过程中出现不遵守回避制度、徇私舞弊、泄露工作秘密、为申报人说情拉票等违反评审纪律情况的，取消其评审专家资格，记录不良信誉，并按相关规定追究责任。

职称评审工作人员违反评审工作纪律的，不得再从事职称评审工作，给予通报批评；造成严重后果的，按相关规定追究责任。

（三）申报人所在单位和推荐单位对申报材料未按要求履行审核职责，或审核把关不严或弄虚作假，造成严重后果的，对直接责任部门和个人，按相关规定追究责任。

（四）对违反评审程序和规定、不能正确行使评审权、不能确保评审质量的职称评委会，将视情况宣布评审结果无效、暂停评审工作直至取消评审权。

第十章　附　则

第四十二条　对于从事雷电灾害防御、商业气象服务等工作的相关行业单位以及非公有制经济组织、社会组织、自由职业的专业技术人才，其副高级职称评审，由中国气象局授权具备条件的有关单位或组织受理。

第四十三条　根据事业发展，经授权开展的其他系列（专业）的职称评审工作适用本办法。

第四十四条　本办法由人事司负责解释。以往有关文件与本办法不一致的，以本办法为准。

第四十五条　本办法自印发之日起施行。2017 年 9 月 15 日印发的《中国气象局职称评定管理办法（试行）》（气发〔2017〕63号）同时废止。

气象观测技术发展引领计划（2020—2035 年）

（气发〔2019〕90 号）

2019 年 11 月 4 日

前言

气象观测是气象业务的基础，气象观测技术是气象现代化最显著的标志。现代气象观测装备在气象行业中广泛运用，我国已形成了天基、空基和地基相结合、门类较为齐全、技术先进的综合气象观测系统。为落实党中央、国务院关于加强国家创新体系建设、加快推进智慧气象建设的要求，充分应用现代材料、电了、信息以及新一代人工智能等现代高新技术，推动气象观测技术向自动化、信息化和智能化发展，引导相关企业、高校和科研院所等共同研发气象观测技术装备，特制订本计划。

一、发展趋势和环境

（一）气象观测技术发展是气象保障国家战略的客观要求

随着人民对美好生活需求的日益增长，气象业务领域更加宽广，在提高气象预报预测准确率的基础上，还应满足应对气候变化、防灾减灾以及生态文明建设、“一带一路”倡议、军民融合发展、区域协调发展等重大战略发展需求。随着经济和社会的发展，气象灾害的影响越来越广泛，造成的损失也越来越大，因此气象服务关注的领域也越来越广泛，已从单一的大气圈拓展到与之紧密联系的水圈、岩石圈、生物圈、冰雪圈以及近地空间在内的整个地球系统。与之相适应，气象观测的涉及面越来越广，气象服务的要求越来越高，气象观测技术必须实现新一轮的大发展。

（二）气象观测技术发展是全面推进气象现代化的迫切需求

气象观测技术现代化是气象现代化的显著标志和重要组成部分。我国气象观测经历了目力及定性观察、人工仪器测量、自动化观测等阶段。地面观测实现了从人工观测到自动化观测，高空气象观测实现了从单一的气球探空到与风廓线雷达、气象飞机、气象飞艇等遥感观测方式互为补充，天气雷达观测实现从数字化雷达向新一代多普勒双偏振天气雷达转型。天基观测系统完成了试验试用系统向业务应用系统的升级，正向高质量定量化业务应用的气象卫星综合观测体系发展。随着核心技术、关键技术和应用技术的突破，气象观测技术得到迅速发展，为了满足精细化气象预报和服务的需求，观测设备空间网格越来越密，资料时间密度越来越高，从二维观测向三维立体观测发展，从大尺度的天气观测向中小尺度天气观测发展。面对“智慧气象”“全球气象”建设需求，气象观测装备将迎来再一次的更新换代，朝着智能化、微型化、信息化、网络化、全球化方向迈进，测量要素将更全、测量结果将更准、传输处理将更及时，助力我国气象现代化建设。

（三）气象观测技术发展已具备坚实的科技基础

纵观当今国际气象观测先进技术，已然与计算机、移动互联网、物联网等高新技术紧密相连，朝着自动化、智能化、网络化的方向发展，气象观测要素不断扩展，其准确性、稳定性和可靠性进一步提升，科技含量的提升必然导致气象观测技术和装备更新换代的速度加快。导航卫星的气象应用、飞机气象观测技术、大气遥感观测技术等综合性观测技术不断发展，将带动整个气象观测系统朝着覆盖范围更广的方向发展。人工智能等现代技术将在观测领域得到广泛应用，气象核心算法、气象芯片研发继续突破，部分高精气象观测设备的国产化能力加强。气象观测技术新一轮发展已经拥有了坚实的科技基础。

二、指导思想和发展目标

（一）指导思想

以习近平新时代中国特色社会主义思想为指导，落实创新驱动发展战略，构建以企业为主体，产学研用协同促进的气象观测技术发展体系，加快现代信息技术与气象观测深度融合应用，破解气象观测核心和关键技术难题，引领气象观测技术发展，推进气象观测现代化。

（二）基本原则

创新驱动，技术引领。把握全球科技创新趋势和气象业务发展需求，根据现代信息技术、电子技术、材料技术快速更迭的特点，在气象探测重点技术领域前瞻性布局，推动气象探测与成熟应用型新技术融合，提高原始创新、集成创新和引进消化吸收再创新能力。

市场主导，部门引导。充分发挥市场在资源配置中的决定性作用，强化企业的创新主体地位，激发企业创新活力和创造力。促进产学研用各类创新主体共创共享，推动创新资源的有效分配与合理衔接，加速科技成果的商业化应用。加强部门战略研究和规划引导，完善相关政策支持，为先进技术融入气象观测领域创造良好环境。

标准先行，技术跟进。对标国际先进标准，鼓励和支持企业（高校、科研院所）牵头制定、实施更高技术要求的标准规范，建立并不断完善标准体系，推动跨部门间的先进、适用行业标准相互转化，促进部门间技术合作和资源共享，切实提高核心竞争力和可持续发展能力，加强未来技术谋划部署。

整体推进，重点突破。统筹规划、合理布局，明确气象观测技术创新发展方向。围绕智慧气象需求，整合资源，突出重点，全面提升气象观测装备制造能力、智能化和协同化观测能力、气象观测装备综合保障能力和综合应用技术能力。

（三）发展目标

按照“列装一代、研制一代、探索一代”的思路，结合气象事业发展需求，分阶段、分类别推进气象观测技术及装备发展。

到 2025 年，重点解决共性关键技术在气象观测领域的应用难点，发展气象事业必需的核心大型高精尖气象装备，初步实现气象观测技术装备智能化和观测协同化，我国气象装备整体水平和实力得到全面提升。

——突破核心元器件、传感器、气象系统级芯片、多平台协同和天空地一体化三维观测等技术。

——实现高精度、低功耗、高集成、智能化地面观测设备产品化。

——重点发展新制式气象雷达、激光雷达、北斗探空等大型气象观测装备，用于大气本底、大气成分、生态环境等的高精气象观测装备，以及适应特殊自然环境和特殊用途的特种气象观测装备。

——重点突破星载空间辐射基准载荷、气象应急防灾综合孔径雷达等新天基载荷技术，发展综合卫星与小卫星组网的全球观测和应用技术。

到 2035 年，先进应用型技术深度应用于气象观测领域，针对特定目标的多维立体观测技术、智能协同观测技术、多源观测数据融合应用技术水平大幅提升，能够为不同的应用需求提供气象观测的系统级解决方案。气象观测总体技术和应用达到世界先进水平，实现从气象观测大国向气象观测强国的转变。

三、发展方向

（一）发展新型气象观测技术装备

预期目标：重点突破气象系统级芯片，研发基于物联网技术的数字化高精度传感器，发展卫星载荷、气象雷达、探空等大型高精度观测技术装备，发展智能化、小型化、低功耗、高可靠性的新型气象观测装备，提高气象观测装备分辨率、观测精度、抗干扰能力和自校正能力。

1. 气象系统级芯片

研制基于国产芯片、具备超低功耗、声光电物理信号一体化测量、采集能力的气象专用系统级芯片（SoC）模组，内置机器学习等处理算法，实时处理音视频等电子信号，内置通信模块上传数据至互联网云端，可作为探空仪、自动气象站、小型气象雷达等气象观测设备的核心采集处理单元。

2. 双偏振相控阵天气雷达

研制双偏振相控阵天气雷达，研究高效扫描技术、新型观测模式、在线检测技术、实时定标技术与定标方法。研制高集成度、高可靠性数字收发阵列模块，开展基于数字阵列与数字波束合成体制相控阵天气雷达关键技术研究。提高天气雷达观测速度和多参数获取能力，增强雷达对气象目标的检测、跟踪、识别性能，改进低层大气折射率和水汽场反演方法，提高定量测量降水准确度。

3. 激光雷达

研制基于拉曼散射、差分吸收、多普勒效应等原理的激光雷达，用于测量云、雾、水汽、能见度、气溶胶和大气风场、大气温度廓线、大气密度，监测空气中的 O_3、NO_X、CH_4、CO_2 等痕量气体和温室气体。重点突破激光器光源系统、发射/接收光学系统、光信号检测系统、数字信号处理系统和反演算法等关键技术。研制星载多普勒激光测风雷达，突破星地协同组网的三维大气风场测量、标定、反演等关键技术。

4. 地波雷达

研制多频、多基地、多输入多输出组网地波雷达，提高观测分辨率、观测精度、抗干扰能力和自校正能力，研究高频地波雷达对远距离、大面积、全天候的表层海流、海面低空风、海浪参数的精确提取技术。开展基于陆地和海洋上固定、移动平台观测方法的研究，构建与海态多参数雷达配合实施海洋气象环境观测的技术新体系。

5.毫米波雷达

研制3毫米和8毫米双波段毫米波雷达，突破双波长共频同时工作体制技术、超低副瓣脉冲压缩技术，设计高集成度3毫米大功率发射机，提高云雾观测能力，实现大范围观测微小云粒子和云内部结构。

6.太赫兹雷达

研制太赫兹气象雷达，突破太赫兹高增益、低副瓣反射面天线技术、大功率太赫兹发射源技术，开展雾、霾、沙尘等天气现象观测研究，开展云中液态水含量及冰水含量精细反演技术研究，开展反演算法、数据比对以及观测结果验证方法研究。

7.量子雷达

研制量子气象雷达，利用微波光子实现远程气象目标观测，利用光子特性来提高气象雷达观测、识别和分辨目标的能力，在红外波段获得高清晰图像，突破常规光学遥感和微波遥感的性能局限。

8.空基全球导航卫星系统反射信号观测仪

研制基于飞机、无人机、飞艇、平漂气球、低轨小卫星星座等应用场景的空基全球导航卫星系统(GNSS)掩星/反射信号观测仪，研究GNSS掩星/反射信号观测方法、反演算法和技术，开展海浪测高、海面风场及土壤湿度、植物生长量测量，弥补海洋等观测空白敏感区域垂直观测系统能力的不足。

9.高精度辐射测量仪

研制亚秒级二等标准总辐射表、太阳光度计、分光谱辐射测量仪，开展国产高精度太阳辐射观测技术研究，突破分光谱太阳辐射观测技术、高精度全自动太阳跟踪遮光技术。

10.高空气象观测装备

研制集成空间电场、辐射、大气成分等要素的新型高空观测传感器、视频探空仪和长航时超压气球。开展基准探空仪技术研究,研制平流层定高平漂探空系统、球(艇)载式滑翔机气象观测系统。利用探空气球、浮空器等高空观测平台开展廓线观测、定高和下投观测,提高高空气象观测质量和平流层观测能力。

11.闪电观测装备

研制基于低频/高频的全闪观测传感器,研发集成闪电定位、大气电场、气象雷达与卫星等资料的新一代闪电预警预报系统。研究闪电通道成像技术,研制针对重点区域的地基高精度闪电通道成像阵列。开展长基线闪电观测技术研究,弥补海洋、沙漠等观测敏感区闪电观测的空白。

12.星载宽幅闪电观测载荷

研制新型宽幅快速闪电成像载荷,实现对我国及周边区域的全区域覆盖和高频次、无缝隙强对流天气监测和跟踪,提供闪电灾害预警,为强对流天气监测、民航、铁路、电力等行业提供安全保障服务。

13.飞机气象观测装备

研制小型化、专用化的主、被动多波段机载大气廓线仪和气象传感器,开展合成孔径雷达(SAR)气象应用新技术研究,利用商用飞机、专用有人飞机、无人机、滑翔机对特定航线或指定空域的气象要素进行观测。研制无人机模块式气象载荷,突破无人机飞行高度、续航能力和飞行控制模式,提高无人机在恶劣环境下的观测能力和智能控制水平。

14.大气成分观测装备

研制国产化气溶胶观测设备,攻克入射太阳光高精度观测技术、高精度定标技术、光学厚度及气溶胶粒子谱反演等关键技术算法,加强整机系统级优化设计、集成、密封等技术研究。研制国产温室气体等高精度观测设备，攻克温室气体及碳同位素高精度在线观测技术、温室气体自动在线分析技术、温室气体排放在线监测技术、温室气体实验室分析标定技术。

15. 通量气象观测装备

研制辐射通量、热通量、动量通量、物质通量等近地层通量观测设备，研究辐射、二氧化碳和水汽通量观测技术，克服降水、温度及干扰湍流对测量的影响，实现高频通量高精度测量，为能量收支平衡研究提供高精度的通量测量数据。研究植被指数、冠层温度、蒸散等生态测量技术，研发地面定点观测与卫星、无人机平台遥感观测相结合的一体化通量观测系统。

16. 海洋气象观测装备

研制适应狂风大浪、高温、高湿、高盐、暴晒、生物附着等恶劣海洋环境的海洋平台和海洋气象观测传感器，研制无人水下航行器、水下滑翔机、无人遥控艇等新型水下调查设备。研制基于远距离无线传输技术的海雾观测反演算法和数学模型，输出海雾观测产品。研究风能、波浪能、温差能等新型发电技术，发展利用水声、激光、卫星传输观测数据技术。开展锚泊浮台、船舶、浮标等搭载气象雷达、自动观测仪器等观测方法研究。

17. 基于微波链路的气象观测装备

研制微波链路气象观测装备，利用地球表面覆盖的微波链路网络，研究多路径效应下电磁波与水汽、风场等的相互作用机理，研究动态自适应的电磁波区域气象要素反演方法，突破非合作多源电磁波脉动数据的气象信息挖掘与综合应用等关键技术，进行全球覆盖、形式多样的大气观测。

18. 极端恶劣环境下的气象观测装备

研制在深远海、高海拔、极寒、酷热、台风、强辐射、重污染等极端恶劣环境可正常工作的气象观测设备，研制气象观测机器人。采用新技术、新材料、新工艺，通过硬件结构设计与主被动防护措施相结合，增强观测设备的抗风、抗冰、耐盐雾等耐候性，提高观测数据的精度和可靠性。

19.星载空间辐射基准载荷

研制星载超高精度可见光及红外辐射测量基准载荷，并进行统一溯源和定期定标，将形成天基载荷的可溯源定标链路，满足国产卫星历史资料辐射基准统一、构建精度可靠气候数据集、研究长时间序列气候和环境变迁的迫切需求。

20.星载主动大气动力及气候观测载荷

研究针对大气动力、云微物理、气溶胶气候效应、温室效应等专题观测的星载激光雷达，以获取高精度、高分辨率的全球大气风场垂直剖面信息，加强对全球气溶胶、云的三维特征和温室气体柱总量的监测能力，提高相应的天气和气候预报模式的准确率。

21.星载可见红外高光谱及微波临边探测仪器

研制星载可见光红外高光谱及微波临边探测仪器，增强对一氧化碳、臭氧、氯化物、氮氧化合物等大气中痕量气体、水汽、云和气溶胶的总量和垂直廓线的探测，提高对大气成分大范围三维空间分布的观测能力。

22.星载微波降水测量雷达

研制星载宽幅降水雷达，观测全球降水分布及其强度，尤其是快速监测和甄别区域强降水等灾害性天气，提高在全球气候变化背景下，对强降水及诱发次生灾害的监测能力。

23.星载气象应急防灾综合孔径雷达

面向全球中小尺度极端天气防灾减灾监测需求，研制星载全极化综合孔径雷达系统，实现降水精细结构的全天时全天候探测能力，实现2000千米幅宽百米空间分辨率的普查与应急情况下百千米幅宽米级空间分辨率的精细探测等多种观测模式。同时，为数值天气预报模式提供精确的地表三维结构、地物类型、海表动力场、水凝物廓线等参数。

24.气象卫星载荷标准化小型化技术

发展小型化标准化的天基基础气象观测载荷。通过载荷型谱化，天地对接链路、数据传输处理和产品制作的标准化，充分利用低轨卫星平台的搭载机会，加快构建高时空分辨率的天基观测网络。

（二）发展协同观测技术

预期目标：基于高精度、高可靠性核心器件和物联网、大数据等现代信息技术，实现常规气象观测装备的智能感知与在线标校、远程支持、指定跟踪观测、程控运行和协同观测等功能。

25.多传感器组合和数据融合技术

研究多传感器智能融合算法，对多种传感器获取的多信息进行综合处理和优化，分析多种传感器的内在联系和规律。针对重要的气象观测要素、个体特性差异大、容易发生故障的传感器，开展传感器融合试验，探索采用多个或多种传感器组合和智能数据融合算法，保证观测资料的完整性和可靠性。

26.协同观测信息管理和产品应用技术

研究多源观测资料数据质量控制算法和融合算法。研究针对重点区域三维空间气象多要素协同观测方法，研究基于大数据、5G通信、人工智能等的气象资料融合方法，构建气象信息三维实况分析场，为发展更客观准确的天气识别、预报预警方法研究和业务提供更精细可靠的观测数据支撑。

27.自适应网络雷达观测技术

研究基于多部双极化多普勒雷达的自适应雷达观测技术，利用大数据、人工智能等技术，实现网络中的雷达根据天气情况变化和终端用户需要自动对扫描的方位区间、仰角和扫描方式进行动态调整，提高对微型超级单体细微变化的观测能力。

28.基于多平台的台风立体协同观测技术

研究多平台台风立体观测技术，利用天基平台、大型无人机、平流层飞艇、智能无人艇等，开展针对台风的多尺度、协同观测试验，建立对台风的热力动力的精细化协同观测模式，观测产品可直接用于台风数值模式，填补我国台风立体综合观测空白，提高台风定位定强精度、台风数值模式预报能力。

29.空间天气星地联合观测关键技术

研制天基太阳、磁层、电离层、热层大气观测载荷，研究关键载荷的核心算法与数据反演技术。研制基于国内外多源卫星数据的综合应用平台。开展空间天气观测小卫星、地基热层大气观测设备研发。开展星地无线电链路电离层误差实时修正实验与应用模块研发。开展利用大量卫星轨道参数反演热层大气扰动的方法研究。

30.天基观测智能调度技术

研究静止极轨综合卫星与小卫星组网的智能调度技术，针对灾害性天气和重大保障服务需求，结合星上快速人工智能处理技术实现智能组网和加密观测。实现利用天基跨平台观测手段对同一区域、同一天气系统进行综合观测。

（三）推进高新技术在气象观测领域应用

预期目标：将人工智能、物联网、大数据等通用技术应用于气象观测设备研发、观测数据加工处理、观测装备运行保障，实现全球气象观测和资料传输。

31.人工智能技术

利用海量数据深度学习、图像识别、复杂神经网络应用、专家系统等人工智能技术，研究应用于云、能见度、天气现象、降水、物候等气象要素观测，提升卫星云图、雷达回波综合图、多光谱遥感图等图像信息的自动化识别及预判能力。研究从专业气象观测、社会化观测、互联网等多源数据中提取气象信息并预判用户需求，通过人机协同提高对天气系统的判别能力。

32.物联网技术

借助物联网技术特别是窄带物联网技术、超长距低功耗数据传输技术等无线组网通信技术，形成泛在敏捷的气象感知能力和简易便捷的部署方式，感知环境要素。加强传统气象观测设备的网络化、智能化改造，充分利用多元数据融合技术，提供基于位置信息的个性化、交互式精准气象信息服务。

33. 大数据技术

利用大数据技术，对数量巨大、来源分散、格式多样的专业气象观测原始数据、社会化观测数据和用户数据进行关联、融合分析，利用数值模式进行资料同化分析和再分析，获得质量可靠、空间覆盖完整、高分辨率的气象数据产品。

34. 微机电技术

利用微电子和微机械加工技术制造微型化、低功耗、多功能、智能化、高集成度的微机电(MEMS)传感器，使其不仅具有信号采集、运算处理功能，还具有高精度、可控制、自检测、自校准、网络化等功能。

35. 新材料技术

将无机非金属材料、有机高分子材料等功能材料上取得的新成果，应用于气象传感器感应元器件制造，提高气象传感器的测量灵敏度和精度。将先进复合纤维材料等结构材料上取得的新突破，应用于气象雷达天线罩、海洋浮标壳体等制造，满足气象观测设备结构强度高、介电性能好、耐候性好等要求。

36. 流动平台观测技术

发展流动平台气象观测技术，利用民用交通运输工具(主要是船舶、民航飞机、火车、汽车等)，加装气象观测设备，研究在流动的二维和三维空间中数据采集、传输、资料质量控制和应用前的资料同化问题。

37. 低轨小卫星星座技术

利用低轨小卫星星座技术，研发融合高低轨道卫星遥感数据的处理和分析技术，实现多样化卫星气象遥感，研制气象专用低轨小卫星通信芯片，实现气象信息传输全球覆盖且低功耗、高时效。

38.星载大气动力要素观测技术

研发主动被动相结合，基于多角度成像、激光雷达、微波探测以及全球导航卫星系统反射测量（GNSS－R）的大气动力要素综合探测技术，研究基于大卫星综合平台和小卫星组网观测的综合观测系统，实现从海表10米到平流层的大气动力参数综合探测。

（四）发展气象观测装备保障技术

预期目标：利用仿真、模拟、在线测试、远程诊断等运行维护技术，研发气象观测设备计量、检定、标校、维护专用设备，攻克观测设备运行保障关键技术问题，提高气象观测装备保障技术水平。

39.气象观测设备仿真技术

研发基于标准化组件建模和封装入库技术的气象观测设备系统仿真技术，实现气象观测设备性能优化仿真、在线性能参数调整、故障模拟、算法验证和评估等功能。

40.气象卫星辐射校正技术

研发标准化自动化的天基观测仪器可溯源标定技术，实现地面目标的太阳反射、热红外和被动微波谱段的常态化在轨绝对辐射定标数据的自动化和标准化接收、处理、质量控制、存档和管理。

41.气象卫星综合仿真技术

研发针对可见光红外、被动微波、雷达、激光雷达等载荷通道选择和指标设置的系统仿真技术，实现气象卫星载荷通道定量化评价、通道参数优化、算法验证和综合性能评估等功能。

42.天气现象模拟装置

研究降雨、降雪、云雾的生消、模拟、控制技术，研发高精度大气光学测量技术和大气光学透过率检测系统，研制云量、云状、云高、天气现象观测设备关键指标检测技术及装置。研发光电式数字日照计检测和量值传递系统，突破日照辐射模拟和紫外到红外区间的辐射强度高精度测量技术。

43. 气象雷达运行保障技术

研制气象雷达专用检测、标定技术和工具，开展气象雷达实时在线自动定标技术和双通道一致性监测补偿技术研究。利用外场标定仪和星载定标平台开展组网雷达回波一致性定标研究。改进组网雷达回波强度测量误差在线检测技术和自动校正算法。开展利用卫星与地基遥感相结合的实时定标技术方法。

44. 设备远程支持和自我维护技术

研究基于人工智能、虚拟现实和增强现实等技术的远程故障诊断及维护系统构架。研发基于故障树的故障诊断专家系统，研制人机结合的远程故障诊断平台。研究观测窗口污染检测、自动清洁、自动给排水的自我维护技术。研究观测设备嵌入式系统远程在线自动升级技术。

45. 气象装备故障预测与健康管理技术

采用人工智能、深度学习等技术进行气象装备自身健康状态的推理、监控和评估，预测将要发生的降级、故障事件。通过针对性的提前维护，将被动式维修升级到预测性维护，保障气象仪器的长期健康稳定运行并降低维护成本。

46. 计量信息化和在线校准技术

研发气象计量业务信息化技术，对标准器和被检仪器开展大数据分析，提升气象计量业务质量。探索开展在线计量技术研究，开发智能化气象计量标准设备及远程控制技术。

47. 新型气象观测设备计量技术

探索建立云、能见度、天气现象、电场和大气成分等量值传递标准，研制新型气象观测设备校准模型与计量检定装备。优化大气成分气体标准物质的制备、储存技术。建立完整统一的云、能见度、天气现象、大气成分等标准的量值传递体系。

（五）发展气象观测综合应用技术

预期目标：通过地基遥测，主被动遥感，空基、天基观测相结合等方式，实现多种观测技术方法的集成融合，集成多种观测数据的综合气象观测产品，提高气象观测系统综合应用水平。

48.云观测集成技术

开展星载、地基红外、可见光、激光云自动观测资料与探空资料的融合方法研究，开展局部区域地基云观测资料和探空、卫星云观测资料的跨尺度时空融合方法、融合算法验证研究。研究建立主被动观测相结合的地基云观测与卫星云观测的集成系统，改进卫星云观测产品的质量。

49.风和水汽综合观测技术

研究探空、风廓线雷达、多普勒天气雷达和激光雷达测风的集成融合技术，研制高分辨率多源测风观测产品。研究基于北斗导航卫星水汽观测、探空气象观测、地基微波辐射观测、地面气象观测的误差评估和集成融合技术，开展多源水汽组网观测技术研究，研制多源综合的水汽观测产品。

50.多平台海洋综合气象观测技术

利用海岸带、海岛、浮标、船舶、飞机、卫星等多种观测平台，以及现场观测、船载探空、微波、红外等多种观测手段，开展固定观测与移动观测相结合、天基观测与地基观测相结合的海洋气象综合观测技术研究，建立骨干站网，开展关键大气要素的专题观测实验，开展海洋表层气象要素以及海气界面气象要素观测数据的质量控制。研究海洋综合气象观测试验的资料对比、融合、校准，研制海面温度、海面风场等海洋气象观测产品，以及海洋高空的高时空分辨率的观测产品。

51.多源观测数据质量控制技术

完善卫星、地面、高空、海洋、农业气象、大气成分等观测数据质量控制技术，研究单种数据、常规及非常规数据的质量控制及相互间的协调问题，优化数据质量控制中的关键参数和指标，研究观测误差的订正与评估技术。研究多种观测结果互为附加信息或约束条件的遥感反演技术，开展多种观测资料的质量互控技术研究。

52.三维场实况场与交叉检验技术

研发多源观测数据综合处理技术，加工制作描述大气实况及相关圈层真实状态的三维格点产品，形成气压、气温、湿度、风、云和降水、大气成分等要素的三维实况场。根据雷达、卫星、闪电、探空等各类观测设备特点，研发交叉检验技术方法，实现云、气溶胶、雾、强对流、水体面积、海冰面积、森林草原火情等观测产品交叉检验，实现降水、积雪、地表温度、海表温度、土壤水分等产品直接检验。

53.社会化气象观测应用技术

发展气象服务数据集成及挖掘技术，构建时空精细化、多要素、无缝隙的气象服务基础数据云平台。研发满足社会化气象观测入网标准的便捷式、模块化、智能化众包观测及数据获取终端等新型设备，开展气象大数据与行业大数据融合应用。

四、政策措施

（一）推进产业技术创新战略联盟建设

创新科技专项产学研用技术体系，构建和发展国家级气象观测产业技术创新战略联盟。以已有的国家和部门工程技术研究中心、重点开放实验室等为基础，以企业发展的内在需求和联盟参与方的共同利益为纽带，建立企业、科研院所与高等院校、业务用户产学研用相结合的新型技术创新战略联盟，联合开发、利益共享、风险共担，形成产业技术创新链条，驱动科技成果向气象探测装备转化，提升产业核心竞争力。

（二）加强技术创新服务平台建设

建立国家级气象观测技术创新服务平台，以研发气象观测领域共性技术与关键技术为主体，面向社会开放、实现科技资源共享、科技研发协同、运行机制创新和技术服务创新，为企业提供技术支撑，规避技术风险，降低开发成本，缩短研发周期，提升企业技术创新能力。加强气象观测技术成果转化，依托综合气象观测试验基地，为企业优先提供成果的测试与检验、评估与评价等服务，重点支持行业共性技术和先进适用技术等科技成果的推广应用，实现科技企业优势互补，促进产业结构优化升级和发展转型。

（三）加强国内外技术交流合作

邀请企业参与气象观测技术标准体系建设，加快推进观测新技术新装备的计量、标准化、测试试验等工作。加强并鼓励企业、高校和科研机构与世界气象组织、国外气象部门及知名企业开展全方位、多层次、高水平的气象观测技术国际合作，成为国际组织正式会员，积极融入全球气象科技创新，推动我国先进气象观测技术、装备和标准“走出去”。通过项目及合作快速培养气象与装备相结合的研发型人才，进一步推动气象观测新技术发展。

（四）以用促研推动研发成果试点试用

不定期滚动发布行业需求和发展动态，组织跨行业成果对接，引导企业开展前瞻性技术跟踪和储备。设立气象观测新技术发展行动计划科研专项，鼓励以企业为主体开展重点任务专项研究，并优先推荐申报国家重大科技专项。建立健全气象观测创新技术成果应用机制，扩大创新技术成果试点试用范围，优先支持攻关技术成果的业务转化应用。鼓励气象科研和业务部门联合企业开展气象机理研究和应用试验。推动和引导企业在重大科学试验、综合科学考察、重大保障活动中试点试用创新技术成果。

河北雄安新区智能气象观测大数据系统建设方案（2020—2025年）

（气发〔2019〕94号）

2019年11月6日

一、需求分析

面向雄安新区"世界眼光、国际标准"的定位，现有雄安新区的观测能力显现出观测技术起点不高、观测智能化不足、观测平台与城市融入度不够、观测的立体精细化不足、数据的智慧化管理与应用水平不高等弊端，迫切需要以面向未来的理念，高起点、高标准建设雄安新区智能气象观测大数据系统，提升气象观测数据的智能获取及加工处理能力，为雄安新区城市智慧化管理、营造优质绿色生态环境、实施创新驱动发展、保障城市安全运行等提供优质的气象服务和动力支撑。

（一）雄安新区经济社会发展的需求。雄安新区作为北京非首都功能疏解集中承载地，将建设绿色智慧新城，发展高端高新产业，提供优质共享公共服务供给，培育现代化经济体系新引擎，其规划、建设、运行及经济社会发展与气象工作息息相关。通过建设智能气象观测大数据系统，开展长期连续气象（气候）、生态环境等要素观测，研究分析气象条件、气候变化对雄安新区规划建设和可持续发展的影响，研发加工气象服务产品，可以为政府决策提供参考，为防灾减灾、生态文明建设提供专业、精细、泛在的公共气象服务保障，为数字城市智慧化管理提供气象服务支撑，为雄安新区国际化的高端高新企业发展壮大提供支撑保障，为雄安新区经济新引擎助力添彩。

（二）智慧气象发展的需求。智慧气象是气象服务高质量发展的一个重要体现，中国气象局提出要将雄安新区打造成全国智慧气象示范区，与雄安新区规划纲要提出的绿色、智慧、创新之城相符。通过率先发展智能气象观测，实现与雄安城市大脑互联互通互用共享，与雄安新区各行业信息深度融合、碰撞，激发各行业在雄安新区发展中不断提升竞争力和创造力，使各行业在"智慧气象"中受益且"更加智慧"，也为智慧气象建设积累经验，为全国推广提供样板。

（三）专业气象服务发展的需求。随着雄安新区建设工作的不断推进，大批高端高新产业、大学院校、科研院所、跨国公司及各类市场主体的陆续入驻，对气象服务的及时性、准确性、个性化和专业化的需求也将更高。从气象服务的供给侧方面分析，将会催生一些专业气象服务的市场主体来满足这些用户的高端需求，因此，对气象观测提出了更为迫切、更高标准的要求，需要大力提升立体观测、垂直观测及通量观测的观测能力以及农业、大气成分、森林、湿地等气象观测的专业化水平。同时，充分运用5G通信技术、物联网、大数据等，大力发展社会气象观测，形成专兼结合的智能气象观测大数据系统，并融合全球气象观测资料，为市场主体开展气象增值服务提供数据支撑。

（四）气象科技创新的需求。雄安新区未来将建成全国乃至世界的科技创新高地，中国气象局提出将雄安新区建成气象科技创新引领区的目标与雄安新区的发展定位相吻合。瞄准气象科技的需求，面向雄安新区发展定位，依托智慧气象研究院在雄安新区建设国家智能气象观测大数据研发中心，建设全球数字大气实验室，吸纳和集聚国内外优质创新要素资源。研究全天候精细化的立体大气探测技术，建立数字大气模型；研究气象智能化芯片，实现终端设备智能化；培养一批有国际国内影响力的科技人才，形成一批国际领先的气象科技成果，助力雄安新区创新驱动发展，为实现气象强国的宏伟目标提供科技支撑。

二、功能定位

雄安新区将建设成为高水平社会主义现代化城市、京津冀世界级城市群的重要一极、现代化经济体系的新引擎、推动高质量发展的全国样板。建成绿色生态宜居新城区、创新驱动发展引领区、协调发展示范区、开放发展先行区。依据雄安新区的发展定位，雄安新区智能气象观测大数据系统将实现如下功能定位。

（一）服务雄安新区发展

智能气象观测大数据系统与雄安新区的建设发展密切相关，是雄安新区高质量气象服务的根本。建成后，可为雄安新区建设绿色低碳、信息智能、宜居宜业、具有较强竞争力和影响力、人与自然和谐共生的高水平社会主义现代化城市提供基础支撑，为雄安新区防灾减灾、气候变化研究及生态文明建设提供服务保障，为雄安新区经济社会发展提供智力支撑。

（二）支撑智慧气象发展

智能气象观测大数据系统是国家重要的公共基础设施，是雄安新区智慧城市建设、运行的重要组成部分，是气象预报服务和科学研究的基础。落实中国气象局“将雄安新区打造成全国智慧气象示范区、气象科技创新引领区、绿色生态气象保障先行区”的要求，是河北雄安新区智能气象观测大数据系统设计建设的根本遵循。智能气象观测大数据系统建成后，将成为全国智能气象观测大数据系统设计和建设的样板，同时在国际范围内起到引领作用。

（三）“气象＋”增值示范

智能气象观测大数据系统除自身提供专业化气象数据产品服务外，通过雄安新区大数据平台，实现对行业部门、社会市场主体及气象公司的数据开放，形成全方位的“气象＋”格局，在做大做强气象产业的同时，让更多的用户在“气象＋”中提高自身的经济效益和社会效益，让气象“盐”的增值效应发挥到最大。

（四）引领气象科技创新

国家智能气象观测大数据研发中心作为气象科技创新、科技成果转化基地，将研发现代观测技术、观测方法、观测设备，开展天地空一体化的立体连续观测，开展国内外、行业内外综合科学外场试验以及科研成果转化，实现综合气象观测地空天协同观测，引领未来观测业务发展。

三、建设目标

（一）总体目标

建成雄安新区智能气象观测大数据系统，实现由气象大脑云端控制，以气象感知泛在网和气象观测基准网为基础，以气象物联网为纽带，建设国家智能气象观测大数据研发中心，共同组成的智能气象观测网络，具备“精准感知、智慧运行、智能处理、即时应用”四方面能力。

作为雄安新区数字城市有机组成部分，雄安新区智能气象观测大数据系统实现气象基本数据产品与雄安数字孪生城市互用互享，将智能气象观测与智慧城市、智慧管理、智慧服务相融合，满足雄安新区经济社会发展、防灾减灾、应对气候变化和生态文明建设气象保障的需求，成为智能气象观测大数据系统设计和建设的全国样板，形成具有独立知识产权，具有较强国际竞争力的智能气象观测大数据系统。

国家智能气象观测大数据研发中心作为雄安新区智能气象观测大数据系统科技创新的核心支撑，可有效支撑气象探测业务发展的雷达观测、垂直观测、地面气象观测自动化、综合观测系统评估与顶层设计和专业气象自动观测技术，不断攻克研发关键技术，解决系统集成技术问题和业务技术问题，推进成果转化和业务应用。

（二）阶段目标

到2022年，初步建成布局科学、技术领先、功能完善、质量稳健、效益显著、管理高效的雄安新区智能气象观测大数据系统，基本实现气象观测业务智能化，观测业务整体实力达到同期国际先进水平。

到2025年，雄安新区智能气象观测大数据系统更加成熟，智能气象观测大数据系统感知能力进一步提升，观测要素更加丰富，时空分辨率更加精细，基于气象大脑的数据超级处理能力进一步加强，灾害性天气监测精准化水平达到国际一流水平，与雄安新区数字城市体系进一步融合，为雄安新区建设和发展提供精准的气象保障服务。建成国家智能气象观测大数据研发中心试验基地，建立一整套比较完善的地面及地基遥感比对观测试验条件、参考标准体系及外场基础设施，具备开展多种观测试验所需的基础条件。建成国家智能气象观测大数据研发中心实验室，配备开展观测设备研发、性能验证的设施，成立气象观测设备研发实验室及环境检测实验室，填补中国气象局仪器测试的空白。

四、建设原则

（一）面向未来，高点定位

坚持世界眼光、国际标准，运用先进的气象观测装备与技术，融合智慧城市、数字城市最新信息技术，建成国际领先的智能气象观测大数据系统。

（二）需求导向，深度融合

面向雄安新区数字城市建设需求和技术架构，按照智能感知的理念进行布局，着眼长远，兼顾当前，实现与雄安新区数字城市、城市大脑的互联互通，发挥气象观测基础设施和信息资源的最大效益。

（三）创新驱动，智能发展

对接雄安新区创新驱动发展战略，建立国际领先智能气象观测创新体系，搭建国家级气象观测创新平台，设计和建设智能气象观测站网的全国样板。

（四）开放合作，统筹资源

吸纳和集聚国内外优质创新要素资源，加强与院校、高新企业合作，研究智能化、网络化的气象观测技术，推动智能气象观测设备和观测方法的高质量发展。

五、总体布局

雄安新区智能气象观测大数据系统是由气象大脑和气象物联网、气象感知泛在网、气象观测基准网组成的智能气象观测网络和一个国家智能气象观测大数据研发中心组成，实现与雄安新区数字城市大脑互联互通（附图 1）。

（一）气象大脑

1. 定位

气象大脑作为雄安新区智能气象观测大数据系统的中枢，是雄安新区数字城市的组成部分，实现与雄安新区数字城市大脑有机对接。

气象大脑基于云计算、大数据、人工智能技术，实现对气象信息的实时处理、多维重构、智能分析，能够对天气气候变化进行智能感知、智能识别、智能推演、深度学习，能快速对城市运行有影响天气的发生、发展及消亡全过程进行跟踪感知预测，并实现智能气象预报服务。

2. 功能

气象大脑通过基于智能操作系统构建云端控制平台，依托集云计算、云存储、云网络、云安全为一体的云计算平台，主要功能包括：

实现对气象观测基准网、气象感知泛在网和全球观测实时气象数据的收集处理，观测设备运行状态技术判别和即时入网、退出管理，观测设备协同观测，观测系统智慧运行控制。

基于 AI 技术对各类气象信息进行智能分析识别，面向地球模拟器的三维数字大气构建需求，实时制作气象观测产品。

在三维大气状态及天气识别的基础上，具有自我意识的制定并生成观测策略，控制基准网与泛在网对天气系统进行跟踪观测。

对接城市大脑，将各类观测的气象信息进行清洗、处理和存储，构建大脑的知识体系和图谱等，最终将各类气象信息加工处理为各行业可以理解和应用的气象辅助决策信息，并以数据服务的方式将气象信息翻译和解读给城市大脑，融入雄安新区智慧城市运行服务。

（二）气象物联网

1. 定位

气象物联网作为智能观测大数据系统中沟通感知设备之间和气象大脑的重要桥梁，构建专用于雄安新区智能气象观测的物联网子网，成为雄安新区物联网的有机组成部分。

2. 功能

通过制定物联化气象观测设备标准和物联化路由协议，以及研制物联化气象观测传感器节点设备，实现气象大脑、气象感知泛在网、气象观测基准网的互联互通。

气象物联网作为智能观测大数据系统中沟通感知层设备和气象大脑的重要桥梁，封装底层海量设备和网络的异构性，提供统一、通用的访问接口，实现数据应用和计算资源的基础应用。

（三）气象感知泛在网

1. 定位

主要面向精细化气象服务业务、智慧城市管理和安全运行需求，构建感知泛在网，形成城市气象感知皮肤，是气象大脑的神经末梢。

2.功能

依托城市家具、智能建筑、地下空间、公共场所、移动终端，采用分布式、网格化布设物联网智能微型设备、传感器，因地制宜采用多种网格间距，获取气象环境相关信息，实现气象观测要素、图像、音视频等多元化信息采集。实现观测设备故障自感知、传感器精度的自动标校。在气象观测基准网的支撑下，结合社会气象观测信息，形成气象观测大数据。

（四）气象观测基准网

1.定位

基于高精度、专业化气象探测设备构建保障城市智慧运行的气象信息感知的五官系统（气象观测基准网），实现气象信息精准感知，并作为订正由微型观测设备及感知设备组成的感知基准观测资料。

气象观测基准网主要由国家气候观象台（1主站、8辅站）、应用气象观测站、组网X波段相控阵天气雷达站组成，采集天气气候、大气成分、环境生态等气象和环境基础信息。

2.功能

基准网在“气象大脑”的指挥下，开展地空天一体化全天候高精度的综合立体连续观测，获取多时空尺度的大气和地球表面状态要素、影响参数和制约其变化的物理、化学、生物因子等特征，为城市气象、生态、环境和气候模式等提供重要的数据支撑，形成观测设备“接力”。跟踪目标天气系统，整体把握天气系统移动趋势，协同指挥灾害天气移动范围内各观测设备通过改变扫描方式、频率等对灾害性天气进行协同观测。实时地将离散的多要素、多类型地、空、天观测数据进行融合，形成三维格点化的观测场，从而实现气象观测三维立体化，为气象灾害的客观识别、精细化监测预警和城市智慧运行奠定基础。实现观测设备故障自感知、传感器精度的自动标校，同时为气象感知泛在网提供校验矫正的基准。

（五）国家智能气象观测大数据研发中心

1.定位

瞄准智能气象观测大数据领域国际前沿，围绕观测大数据生成技术（高精度无缝隙智能化探测技术研发）、大数据融合与挖掘技术（社会、行业、国内外所有相关联数据）、大数据应用技术、大数据展示技术等环节开展攻关研究和技术创新。打造国际一流的智能气象观测大数据研发中心，引领中国乃至世界气象观测大数据技术发展。

2.功能

气象观测大数据智能采集与管理（质量控制、加工、处理），无缝隙高精度气象智能探测技术研发、智能观测试验平台、智能观测技术和大数据技术中试孵化与成果转化平台，切实提高气象观测大数据对气象业务的支撑能力，成为向气象强国迈进的“动力之源”。

六、建设内容与规模

（一）气象大脑

气象大脑的主要组成包括以下 8 个部分：智能操作系统内核、协同控制区、基准网联络区、泛在网联络区、数据存储区、数据智能分析区、数据服务区、大脑云计算平台。

1.智能操作系统内核

智能操作系统内核的核心功能主要包括：分布式任务管理、协同工作流引擎、分布式并行处理框架和人工智能引擎。

其中，分布式任务管理主要用于实现观测设备资源、计算资源、网络资源（包括物联网）和存储资源的管理；协同工作流引擎主要用于协调和组织观测任务制定、观测设备运行、资料收集处理、数据智能分析、数据产品服务等一系列复杂任务优先次序，根据任务需要自行定义各种流程；分布式并行计算框架主要用于实现观测大数据融合处理、观测资料智能处理、观测数据校验、观测产品生成等各类数据计算任务的分布式并行处理；通过引入人工智能引擎，可为各类观测探测资料的知识挖掘和自我认识、优化自适应协同观测跟踪策略、智能化的天气识别、智能观测系统自我进化提供支撑。

2.协同控制区

利用人工智能和物联网技术，实现对气象感知设备的智能监控（设备智能进网、退网，智能设定采集要素种类和采集时间密度等）、状态诊断、信息校验，打造雄安新区气象“天镜”。协同控制区核心功能主要包括：自适应组网观测、观测策略智能生成、基准网观测控制、泛在网观测控制、系统故障诊断恢复、人工观测控制。

其中，自适应组网观测即根据观测对象、天气发展、服务对象的需要，能够自主地确定基准网设备和泛在网设备的观测模式，对某一天气目标进行组网观测。观测策略智能生成即根据天气目标和服务对象的需要，智能分析基准网设备及泛在网设备的协同工作模式，生成相应的观测策略，以达到最优的观测效果；基准网观测控制即根据观测策略智能生成所形成的观测策略，控制基准网设备进行观测；泛在网观测控制即根据观测策略智能生成所形成的观测策略，控制泛在网设备进行观测；系统故障诊断恢复即系统在对各类基准网观测设备、泛在网观测设备、网络状态以及各类应用监控的基础上，对整个系统运行状态和异常情况进行智能化判断和诊断，并根据诊断为系统故障恢复提供依据；人工观测控制即满足某些特定情况下需要人工干预系统，为控制各类观测设备观测提供外部输入的观测策略，并执行相应的人工观测指令。

3.基准网联络区

基准网联络区核心功能主要包括：地面观测资料采集与处理、生态观测资料采集与处理、大气成分观测资料采集与处理、地面遥感观测资料采集与处理、气象卫星观测资料采集与处理和基准网设备运行状态实时监控。

其中，基于物联网技术实现对智能自动气象站、基准辐射站、全天空成像仪（直射遮挡）等各类地面基准观测资料的采集与处理；实现对酸雨自动观测站、大气负离子观测站、土壤水分观测站、植被在线观测系统、温室气体观测系统、陆气通量观测设备等生态观测装备资料的采集与处理；实现对拉曼气溶胶激光雷达、太阳光度计等大气成分观测设备信息的采集与处理；实现对毫米波云仪、微波辐射计、风廓线雷达、GNSS/MET 观测站、气溶胶质量浓度观测设备、大气电场仪、观测系统集成控制设备等地面遥感观测设备资料的采集与处理；实现对极轨气象卫星地面接收设备、静止气象卫星地面接收设备等气象卫星遥感观测资料的采集与处理；实现对地面观测设备、生态观测设备、大气成分观测设备、地面遥感观测设备、气象卫星接收设备的状态信息进行收集，在此基础上对各类基准网观测设备运行状态进行实时监控和告警。

4. 泛在网联络区

泛在网联络区核心功能主要包括感知数据采集、感知数据清洗、感知数据处理和泛在网运行状态监控。

感知数据采集主要基于物联网技术用于实现对微型气象装备观测信息、视频监控信息、手机气象感知信息等各类气象感知信息的实时采集；感知数据清洗主要实现对收集的各类气象感知信息的可识别的错误进行发现和纠正，包括检查数据一致性、处理无效值和缺失值等；感知数据处理是实现对各类清洗后的气象感知信息的数据格式标准化处理和分类存储，将不规整数据转化为规整数据；泛在网运行状态监控是基于物联网技术实现对微型气象装备、视频监控装备、手机设备的运行状态信息进行实时采集，在此基础上对各类泛在网的各种设备运行状态进行实时监控和告警。

5. 数据存储区

数据存储区统一存储的核心数据和产品主要包括：地面观测

数据、高空观测数据、雷达观测数据、卫星观测数据、风廓线雷达观测数据、生态观测数据、大气成分观测数据、气象感知数据等以及大气三维融合数据产品、天气识别产品数据、网格预报数据产品、气候预测数据产品、智慧城市服务产品数据等。主要应用分布式大数据存储和云计算技术，实现各类数据的统一采集、存储和管理，为大数据智能分析、智慧城市气象服务构建集约化的气象大数据环境。

6.数据智能分析区

依托现代计算机技术，利用统计、在线分析处理、情报检索、神经网络、机器学习、深度学习、专家系统和模式识别等方法，开发深层次的气象产品，通过气象大脑的决策，输出到城市管理和城市服务的各个场景，同时依托5G通信和融媒体技术实现全息展示。数据智能分析区核心功能主要包括：数据交叉验证、数据加工处理、数据融合处理、天气智能识别、快速循环同化、产品智能制作。

数据交叉验证基于AI技术实现基准网观测与泛在网气象观测数据的交叉验证，在保证气象观测数据正确性的基础上，融入气象微观观测信息，提高气象观测的精细化程度；数据加工处理主要基于AI技术对各类观测探测资料进行深度挖掘，充分发掘观测信息的价值，分析计算出衍生的天气分析二次产品；数据融合处理主要基于AI技术与变分同化技术，结合地基、空基、天基和感知气象设备等观测优势，对多类型的观测资料进行充分融合，构建反应大气真实状态的面向地球模拟器的三维数字大气构建；天气智能识别基于AI技术通过多类型观测资料和三维立体气象要素信息实现对灾害性天气的客观识别；快速循环同化主要基于无缝隙精细化的实况及预报资料滚动生成监测预警产品、区域数值预报产品；产品智能制作主要结合城市安全运行、政府防灾减灾决策、城市各行业运行和公众生活的需要，融合政府大数据和行业大数据，将各类气象数据加工制作成为可直接为城市运营、政府决策和公众生活服务的各类气象产品。

7.数据服务区

数据服务区核心功能主要包括：基于统一的数据服务接口提供观测数据访问服务、行业数据交互接口、观测数据推送服务、预报产品访问服务和服务产品访问服务。

观测数据访问服务是根据全球气象保障、城市气象保障、气象增值服务的需要，城市大脑、政府大数据及各行业运行的需要，将气象观测信息按照时间、空间和气象要素进行封装的数据服务接口；行业数据交互接口是用来收集和获取政府、水务、交通、物流、环境、能源、航空等部门对气象观测和大脑进化所需信息的接口；观测数据推送服务用于将各类气象观测数据及观测服务产品以广播的方式主动推送至所需部门；预报产品访问服务主要提供无缝隙精细化智能网格预报数据产品等数据接口，提供精细化区域气候模式及重大气候事件预测模式的网格预测产品的数据接口；服务产品访问服务主要是将气象观测信息、网格预报数据和各行业数据信息进行深度融合的产品，按照权限对不同部门进行授权访问的产品数据接口。

8.大脑云计算平台

针对汇聚的气象感知数据和行业数据，智能搭建满足政府、行业、社会公众个性需求、普惠需求的各类算法和模型，为超大规模计算和快速制作服务产品提供核心支撑。实现对来自气象感知泛在网、气象观测基准网和雄安新区数字城市中的数据快速清洗和运算，加工制作满足个性需求的气象观测服务产品。大脑云计算平台核心功能主要包括：云计算、云存储、云网络和云安全。

其中，云计算主要用于智能观测系统进行观测数据融合超级计算、气象观测资料分布式并行处理的计算系统；云存储主要用于各类观测探测资料、感知数据产品、城市大气实时三维融合资料和天气识别产品数据实时存储的分布式数据存储系统；云网络主要用于各类气象观测资料实时采集与指令分发构建的高效云计算网络系统与物联网系统；云安全系统是以气象大脑的运行安全为核心，用于为气象大脑提供持续的安全监控、分析、预测、防御和响应的安全态势感知。

（二）气象物联网

气象物联网是依托城市物联网统一开发的平台，充分利用 5G 通信技术，基于物联网技术构建气象智能观测的神经传导系统，链接气象大脑与气象感知五官系统和神经末梢，实现感知信息向大脑的实时传递，以及大脑指挥指令的下达。构建气象观测物联异构网络，宽窄结合，按需连接，满足更广连接、更小功效、更低成本、更低时延的各种场景的气象感知设备联网需求。

1. 物联化气象观测设备标准制定

组织开展物联化气象观测设备标准制定。标准涵盖气象环境监控单元、设备控制单元、图像监控单元、数据处理单元、数据分发单元等。气象环境监控单元用于采集常规气象观测数据，主要包括气温、气压、湿度、风速、风向、土壤温度、土壤湿度、光照、二氧化碳等要素。设备控制单元用于对采集设备进行管理控制，可控制包括供电、检修、启停等。图像监控单元用于对环境气象进行实时监测，可通过网络实时查看现场环境。数据处理单元用于收集实时环境监控数据及接收图像数据，并提供数据查询、后续数据分析及决策，对设备进行管理操控。数据分发单元用于通过多种方式对气象数据进行分发及提供实时图像监控。各观测单元独立，可通过灵活的加减配置，实现大规模集群观测。

2. 物联化气象观测传感器节点设备研制

将以传感器网络为核心的物联网技术引入气象观测领域，研制适用于气象观测物联化的传感器节点设备。采用通用标准数据接口规范，兼容常见专业气象传感器；独立设计通信模块，为主板提供标准通信接口，针对不同需求，可以更换相应的模块；使用数据和通信分离的双核架构，可以同时采集处理气象数据，支持不同通信模式下的自组织网络构建；采用太阳能供电，满足野外长时间部署需要；配备嵌入式调试设备，可以对野外部署的节点进行远程程序升级。

3.物联化路由协议制定

科学合理设计物联化路由协议，提高网络性能，实现气象数据传输与安全存储。采用一站式接入网关装备以保证在各种环境下网络数据的正常上传与存储，并能提供多种通信方式。采用物联网技术，使用户能够在任何时间任何地点通过手机、电脑等方式访问设备，了解设备运行状态，查看实时气象观测数据及图像数据，并能使管理者远程操作观测设备。

（三）气象感知泛在网

1.智能气象观测感知体系指南编制

针对雄安新区城市信息杆柱、地下空间、智能建筑、智能交通等的气象观测需求，编制智能气象观测感知体系指南，规范智能气象观测感知设备功能、观测项目、布局要求、采集精度、传输协议、数据格式、共享应用等内容，为雄安新区智慧城市感知体系建设提供气象观测技术标准及设备支撑。

2.构建感知泛在网

在雄安新区市民服务中心、商务服务中心、国际科技成果展示交易中心等重大工程建设项目的重点建筑物内外，城市主要道路、启动区、容东片区及郊野公园等位置，安装建设气象观测泛在感知设备；收集感知社会气象观测信息，融入气象感知泛在网。

基于微型气象传感器、气象感知设备，因地制宜采用可变分辨率网格布局，建成全域覆盖的大城市智能气象信息感知神经末梢和皮肤（泛在网），具备天空状况、常规要素（温压湿风降水）观测能力，成像精度满足全天空拼图、“天脸”识别的需要，实现气象信息精细感知。

全城市(含郊区)布设微型气象感知设备2000套,达到2千米×2千米间距,市区构成1千米×1千米间距网格,重要的人群聚集、交通密集区域0.5千米×0.5千米。其中,道路水平间距100米,城市空间水平间距达到500米、垂直分辨率达到10米。

建设内容主要包括:采用车载雷达、无人机等移动观测设备实现重点区域加密观测,并利用5G物联网实现移动设备观测信息的快速传输;采用微型气象设备、手机传感器等海量物联网观测设备实现城市2千米、市区1千米、密集区域0.5千米网格精细化探测;用云平台以气象观测基准网信息为标准,对感知信息进行分析,采用人工智能技术进行深度挖掘,加强感知设备(摄像头、车载温度计、车载雨感应设备)在服务产品开发中的应用。

(四)气象观测基准网

气象观测基准网由国家气候观象台、应用气象观测站、网络化X波段相控阵天气雷达站组成(附图2)。

1. 国家气候观象台

国家气候观象台总体布局为1个主站、8个辅站(附图3)。

(1)国家气候观象台主站

根据《国家气候观象台建设指导意见》,建设地面基准气候观测系统、地基遥感廓线观测系统、生态观测系统、大气成分观测系统、气象卫星地面接收系统,建设新型观测设备对比实验区。开展地空天一体化的全天候、高时空分辨率、高精度的“5条廓线”立体连续观测,获取多时空尺度的大气和地球表面状态要素、影响参数和制约其变化的物理、化学、生物因子等长期观测特征,获取大气、云和降水、云水资源宏微观结构等长期观测特征、获取陆一气、水一气相互作用的长期连续观测数据。承担开展国内外、行业内外以气候与生态综合研究为目的的科学外场试验。

地面基准气候观测系统。建设智能自动气象站(全要素)2套,包括气温、气压、湿度、风向、风速、降水(含固态)、日照、蒸发、地温、冻土、天气现象、云、能见度等观测要素；建设基准辐射站1套，包括直接辐射、总辐射、散射辐射、净全辐射、反射辐射和紫外辐射等观测要素；建设天气现象智能识别系统1套。

地基遥感廓线观测系统。建设毫米波测云仪（具备扫描功能）、微波辐射计、大气电场仪、GNSS/MET观测设备、闪电定位仪、风廓线雷达、2DVD成像雨滴谱仪、微型雨雷达各1套。

生态气象观测系统。建设酸雨、大气负离子、土壤水分、干湿沉降等观测设备各1套。

大气成分观测系统。建设黑碳仪、反应性气体、拉曼气溶胶激光雷达（3波段、8通道）、太阳光度计等观测设备各1套。

气象卫星地面接收系统。建设静止气象卫星地面接收站、极轨气象卫星（NOAA系列、极轨气象卫星系列）地面接收站各1套。

新型观测设备对比试验区。建设新型地面观测设备对比试验区、新型地基遥感观测设备对比试验区、新型高空观测设备对比试验区和保障设备机房。

系统占地面积达到26000平方米。配套业务用房416平方米。

（2）新安北堤辅站

地面基准气候观测系统。建设智能自动气象站（全要素）1套，包括气温、气压、湿度、风向、风速、降水（含固态）、日照、蒸发、地温、冻土、天气现象、云、能见度等观测要素；建设天气现象智能识别系统1套。

地基遥感廓线观测系统。建设毫米波测云仪（具备扫描功能）、微波辐射计、大气电场仪、GNSS/MET等观测设备各1套。

大气成分观测系统。建设黑碳仪、反应性气体、米散气溶胶激光雷达、大气积分浊度仪、太阳光度计等观测设备各1套。

城淀微循环观测系统。在新安北堤建设城淀微循环观测系统

1套，开展梯度温度、梯度湿度、梯度水汽、梯度风等气象观测。

新安北堤站占地面积2750平方米（含配套业务用房占地70平方米）。

（3）邵庄子辅站（科学岛）

地面基准气候观测系统。建设智能自动气象站（全要素）1套，包括气温、气压、湿度、风向、风速、降水（含固态）、日照、蒸发、地温、冻土、天气现象、云、能见度等观测要素；建设天气现象智能识别系统1套。

地基遥感廓线观测系统。建设毫米波测云仪（具备扫描功能）、微波辐射计、大气电场仪、GNSS/MET、风廓线雷达等观测设备各1套。

大气成分观测系统。建设黑碳仪、反应性气体、米散射气溶胶激光雷达、大气积分浊度仪、太阳光度计等观测设备各1套。

生态观测系统。建设酸雨、土壤水分、干湿沉降等观测设备各1套。

水体气象观测系统。在邵庄子（科学岛）建设水体气象观测系统4套，开展水体温度、水体浊度、水体pH值、蒸发量、水色、水深、水位、流速、电导率等观测。

邵庄子（科学岛）总面积20000平方米，岛屿面积不低于5200平方米（含配套业务用房占地200平方米）。

（4）其他六个辅站

地面基准气候观测系统。升级改造容城、安新国家气象观测站观测设备各1套，寨里、董庄、七间房、周庄新建智能自动气象站（全要素）各1套，包括气温、气压、湿度、风向、风速、降水（含固态）、日照、蒸发、地温、冻土、天气现象、云、能见度等观测要素；建设天气现象智能识别系统各1套。

地基遥感廓线观测系统。在容城、安新国家气象观测站，寨里、董庄、七间房、周庄，建设毫米波测云仪（具备扫描功能）、微波辐射计、大气电场仪、GNSS/MET、风廓线雷达等观测设备各1套。

大气成分观测系统。在容城、安新国家气象观测站，寨里、董庄、七间房、周庄，建设黑碳仪、反应性气体、米散射气溶胶激光雷达、大气积分浊度仪、太阳光度计等观测设备各1套。

生态观测系统。在容城、安新国家气象观测站，寨里、董庄、七间房、周庄，建设酸雨、土壤水分、干湿沉降等观测设备各1套。

寨里、董庄、七间房、周庄各5000平方米（含配套业务用房占地200平方米）；安新、容城为现有国家气象观测站。

2.应用气象观测站

(1)白洋淀应用气象观测站（湿地）

在桥北村、马村河、圈头、古庄头、安新站、董庄村、高庄村、七间房，建设白洋淀应用气象观测站（湿地）各1个，组成白洋淀湿地生态气象观测系统。主要包括自动气象观测（含地温）、土壤水分、土壤养分、植物长势（植被覆盖度、植物叶面积、植物叶绿素、植物光合速度）各1套；选取1个典型站点，增加生态系统陆气通量、温室气体浓度等观测设备各1套。

建设白洋淀湿地生态气象监测站8个。有生态系统陆气通量、温室气体浓度等观测设备的站，占地面积为900平方米。其他站单站占地面积600平方米。

(2)应用气象观测站（森林）

在雄安新区森林生态格局的“九片区”中，建设应用气象观测站（森林），组建雄安新区森林生态气象观测系统。实现森林生态系统地面气象要素、土壤水分、土壤养分、地温、光合有效辐射、二氧化碳浓度、大气负氧离子、森林生长量、物候等观测要素连续自动观测。

贾光村北（容城县城北）、大南头村（南拒马河南）、马庄村（白沟引河东）、苗景基地（昝岗东）、马召村（枣林庄东）、郝庄村（刘李庄镇东南)、沈家坯(老河头镇)、马村、朱公堤村(安新县城周边)各建设1个应用气象观测站(森林)。选取1个典型站点,增加生态系统陆气通量、温室气体浓度等观测设备各1套,此站占地面积1500平方米。其他站单站占地面积600平方米。

(3)应用气象观测站(农业)

在雄安新区生态农业园区,建设应用气象观测站(农业),组建农业气象观测系统。实现农田小气候要素(含分层要素)、农田生态要素(光合有效辐射、土壤温度、土壤水分、土壤养分、二氧化碳浓度、作物长势、发育期、物候期、叶面积指数)等观测要素连续自动观测。

在喇喇地村、北边吴村、郝关村、郝庄村各建设1个应用气象观测站(农业)。选取1个典型站点,增加生态系统陆气通量、温室气体浓度等观测设备各1套,此站占地面积180平方米。其他站单站占地面积120平方米。

3.网络化X波段相控阵天气雷达站

建设雄安新区网络化X波段相控阵天气雷达站,实现雄安区域内的强对流天气系统的生成、发展、消散、移动状态监测,实现30千米范围内中尺度风暴、暴雨、风切变、冰雹、龙卷、大风等灾害性天气监测和预警,为雄安新区城市安全运行提供及时精确的气象保障。

在容城的贾光乡、安新的老河头镇、任丘的鄚州镇建设网络化X波段相控阵天气雷达各1部。3个网络化X波段相控阵天气雷达站各占地900平方米。

(五)国家智能气象观测大数据研发中心

建设技术创新实验室。开展面向未来的高精度全方位的智能立体气象观测技术创新、海量观测数据质量控制与融合技术创新、三维数字大气构建及全息实况可视化展示与应用技术创新。

建设观测大数据全息展示平台。展示并发布不同尺度(街区、城市、区域、国家、全球)的三维大气实况。

开展观测试验。开展针对城市通风廊道、城市降水积涝、城市热岛、城市气候生态、城淀微循环等的观测试验;开展气候变化对城市农田森林湿地影响的观测试验;开展物理、生物、化学等多学科交叉的观测试验,揭示气候系统内在规律和机制,解决气候模式优化和发展等瓶颈问题。

实验室建筑面积4000平方米,占地面积1500平方米。国家级知名专家担任主要负责人,国内外知名院士专家组成专家委员会,建立100人左右的研究队伍,与部委、高校、中国科学院及国外研究机构建立广泛合作关系,推动气象精细化立体气象探测技术、数字大气科学技术以及气候变化、生态影响等研究的发展,将实验室建成国内领先、世界顶级的气象探测技术研发中心以及数字大气处理与服务实验室。

七、建设内容明细

建设内容明细见附表1～5。

八、建设周期及进度计划

2019年,启动雄安新区智能气象观测大数据系统详细设计,开展国家气候观象台选址,启动国家气候观象台基础设施设计,开展观测站建设。

2020年,全面启动国家气候观象台等基础设施、应用气象观测站建设,启动气象大脑的研发工作,结合雄安新区城市详规细化气象感知泛在网布局。

2021—2025年,完成雄安新区智能气象观测大数据系统建设;建成国家智能气象观测大数据研发中心。

九、保障措施

(一)加强组织领导

河北省气象局成立项目建设领导小组,专门负责项目管理,加强与中国气象局及雄安新区有关职能部门的沟通,保证与雄安新区规划建设同步实施。建立健全保障机制,力争将本方案纳入中国气象局与河北省人民政府省部合作重大事项范围,采取有效措施,形成工作合力,确保建设目标和任务顺利完成。

(二)协调融入发展

加强对项目规划实施的研究,确保雄安新区智能气象观测大数据系统规划建设与雄安新区发展定位相一致,全面融入雄安新区城市发展规划。做好项目的前期准备工作,坚持统筹兼顾、科学谋划、突出重点、分步实施,确保任务落实。

(三)加大投入保障

制定气象观测事权和相应的支出责任,建立健全与之相适应的财政资金投入机制。继续实施重大工程项目带动策略,拓宽以政府投入为主、部门投入为辅的投入渠道,统筹集约实施,保证建设目标、任务的落实和观测业务系统稳定运行。加大对观测领域科技创新投入,解决核心业务技术问题。

十、附图(表)

附图:1.智能气象观测大数据系统总体框架示意图(略)

2.河北雄安新区气象观测基准网布局示意图(略)

3.河北雄安新区国家气候观象台布局示意图(略)

附表:1.雄安新区主要气象及次生、衍生灾害一览表(略)

2.建设内容(略)

3.气象观测基准网(国家气候观象台主站)明细(略)

4.气象观测基准网(国家气候观象台辅站)明细(略)

5.气象观测基准网(应用气象观测站)明细(略)

全国气象教学团队建设与管理办法

（气发〔2019〕102 号）

2019 年 11 月 21 日

第一章　总　则

第一条　为深入贯彻落实全国教育大会精神和《教育部 中国气象局关于加强气象人才培养工作的指导意见》等文件要求，助力气象高等教育“四个回归”，推动全国气象教学团队（以下简称教学团队）建设，凝聚和打造一流气象教师队伍，推进新时代气象教育发展，制定本办法。

第二条　开展教学团队建设工作，旨在围绕气象事业发展需要，支持开设气象类学科专业的高等院校或气象部门培训机构，加强气象师资队伍建设，建立团队合作机制，改革气象教学内容和方法，开发气象教学资源，促进气象教学合作和经验共享，不断提升气象教学水平和人才培养质量。

第三条　计划通过 5～10 年的时间，在全国建成若干支覆盖气象类学科专业重点领域、在气象核心课程教学中发挥示范引领作用、专业布局合理的教学团队。

第二章　教学团队组成及申报条件

第四条　教学团队以高等院校或培训机构的气象类院(系、部)、教研室、教学基地和实训基地等为建设依托单位,以课程(群)或专业为建设平台。

第五条　教学团队应由承担气象类学科专业核心课程教学任务的高校教师和气象部门专家组成,具有合理的人才梯队结构和知识结构。教学团队规模一般为5～15人,其中气象部门相关领域专家1～2人,并应满足以下条件:

1. 教学团队带头人应师德高尚、治学严谨,具有丰富的教学经验、良好的合作精神和较强的组织管理能力;能紧密结合气象事业发展需要开展教学,在气象领域具有较高学术造诣和知名度;一般应具有教授职称,原则上只能担任一个教学团队的带头人。

2. 教学团队骨干成员应长期扎根教学或科研业务一线;德才兼备、学风优良,在气象类学科专业的教学或培训中具有一定影响力;积极投身气象人才培养,教学质量良好、成效突出,具有较高的学术水平和团结协作精神。

第六条　教学团队应聚焦师德为先、教学为要,围绕气象事业发展需求开展教学工作,申报时应符合以下条件:

1. 教学团队应在气象类课程建设、专业建设、平台建设、课堂教学、教学改革研究等方面具有多年工作积累,教学业绩突出,一般应为所在高等院校或培训机构的校级教学团队。

2. 教学团队应承担气象类学科专业主干课程的课堂教学,教学方法和教学手段科学先进,重视实践教学,具有明确的课程建设目标和教学改革思路。

3. 教学团队应具有科学的建设方案,任务明确、分工合理、特色鲜明，所建设的课程和教材的质量与水平在国内乃至国际上具有示范性和引领性。

4.所在单位应承诺优先提供教学团队发展必需的教学环境、科研场所、人才支持和经费保障，大力支持教学团队开展教学工作和教学研究工作。

第三章　建设任务和内容

第七条　教学团队应持续承担气象类学科专业本专科教学工作、研究生教学工作或培训教学工作，追踪气象科技前沿和现代气象业务进展，及时更新教学内容，深化教学改革，创新培养模式。在实践教学、研究性教学和信息化教学方面取得一定成果。注重培养学生分析解决问题的能力与实践创新能力。教学质量保障机制健全，教学成效显著。

第八条　教学团队应积极参加气象教学改革与创新研究，形成一定成果，并把相应成果运用到教学活动中，有效提高教学质量。总结气象教学研究和教学改革成果，积极申报各级教学研究项目或教学成果奖。

第九条　教学团队要积极开展气象类学科专业课程建设、教材建设、多媒体课件建设和网络课程建设等工作。积极申报和承担各级气象类学科专业精品课程、精品(规划)教材建设等。

第十条　建立科学合理的气象教学教师梯队，掌握气象科技和业务的新进展、新技术和新方法，注重加强教学团队教师的传帮带作用，提高整体教学水平，培育各级教学名师。

第四章　评审与管理

第十一条　教学团队采取院校申报、中国气象局评审确认、院校实施建设与管理、中国气象局评估验收的方式组织实施。

第十二条 教学团队评审工作每两年开展一次，高等院校或培训机构一般应从校级教学团队中择优推荐。申报教学团队须按有关要求填写申报推荐材料，经所在院校审核后于每个申报年5月底前报送至中国气象局人事司。每所院校每次推荐教学团队的数量原则上不超过3个。

第十三条 中国气象局人事司根据气象事业发展对重点教学领域的需要，于6月底前后组织专家开展教学团队评审工作。评审结果由中国气象局审定后发文确认。

第十四条 入选教学团队后，所在高等院校或培训机构须组织填写教学团队建设任务书，明确建设实施方案，包括教学团队建设的目标、任务和工作进度等内容，于2个月内函报中国气象局人事司备案。

第十五条 教学团队由其所在单位负责监督、管理。中国气象局根据情况给予一定支持。所在单位要把教学团队放在高层次人才队伍建设的突出位置给予支持，提供必要的工作条件、政策保障和经费支持。各单位要通过优先推荐和支持教学团队承担国家级精品课程建设、国家级教材建设、气象行业精品教材建设，以及气象科技研发和科教平台建设任务，培育国家级教学名师、国家级教学成果奖等，切实将教学团队建设工作落到实处。

第十六条 教学团队实行带头人负责制。带头人的主要职责包括：按照教学团队的目标、任务和要求组织开展相关工作；自主安排建设进度；决定教学团队内部的分工与考核；根据考核评估结果或工作需要，经批准后动态调整教学团队组成等。

第十七条 高等院校或培训机构要强化需求牵引和任务导向，按照教学团队建设目标和内容，确保教学团队建设质量，科学运行，规范管理，并建立有效的监督约束机制和管理模式。

第十八条 教学团队以每3年为一个建设周期。期满后，中国气象局组织开展考核评估。每次评估前，高等院校或培训机构需对教学团队先行自评估并报送自评估报告。在院校自评估的基础上，中国气象局组织专家对教学团队的教学改革、教学研究、教学资源建设、师资队伍建设等各项成果进行评估验收。评估可采取现场答辩、专家质询和实地考察等方式实施。考核结果分优秀、良好、合格和不合格四个等次。对评估不合格的，予以撤销。

第五章　附　则

第十九条　本办法由中国气象局人事司负责解释。

第二十条　本办法自印发之日起施行。

国家气象科普基地管理办法

（气发〔2019〕104号）

2019年12月9日

第一章　总　则

第一条　为深入学习贯彻习近平新时代中国特色社会主义思想和党的十九大精神，全面落实习近平总书记关于科技创新和科学普及工作的重要论述，根据《中华人民共和国科学技术普及法》《中华人民共和国气象法》《“十三五”国家科技创新规划》《气象科普发展规划（2019—2025年）》等要求，推进国家特色科普基地体系建设，加强对国家气象科普基地建设的引导和规范管理，推动气象科技创新和科学普及工作高质量发展，增强人民群众的气象服务获得感，制定本办法。

第二条　本办法适用于国家气象科普基地的申报、评审、命名、运行与管理等工作。

国家气象科普基地是指依托气象部门开展的全国气象科普教育基地认定工作，按照高水平建设、高质量发展原则，创建出的具有示范引领作用的国家级气象科普基地。国家气象科普基地是国家特色科普基地的重要组成部分，是全面贯彻落实党中央、国务院关于科学普及工作部署要求，提升全社会防灾减灾综合能力和公众科学文化素质的重要阵地。

第三条 中国气象局会同科技部共同负责国家气象科普基地的管理，具体工作由中国气象局办公室和科技部引进国外智力管理司共同承担。各省、自治区、直辖市气象主管机构会同科技主管部门负责本行政区域内符合条件的国家气象科普基地申报单位的审核和推荐工作。

第四条 中国气象局气象宣传与科普中心发挥业务指导作用，促进国家气象科普基地内涵式发展，落实《气象科普发展规划(2019—2025年)》有关任务。中国气象学会负责国家气象科普基地的组织申报和评估考核等日常工作。

第二章 申报范围和条件

第五条 须在获得中国气象局和中国气象学会联合命名的“全国气象科普教育基地”基础上申报国家气象科普基地。

第六条 申报国家气象科普基地的“全国气象科普教育基地”应符合以下条件。

(一)基地面积不少于1000平方米，建有气象科普场馆，具备开展经常性科普活动的条件和展品展项。

(二)重视科普基地可持续发展，制定科学的发展规划和完善的管理制度，实现对科普基地制度化、规范化管理。

(三)重视科普基地人才队伍建设，配备专职工作人员，年度科普经费列入预算并保障到位。

(四)每年开放天数不低于100天，年参观人数不低于5000人次，有条件的科普基地可常年开放。

(五)围绕世界气象日、防灾减灾日、科技活动周、全国科普日等重大活动节点有效开展气象科普宣传，积极参加全国科普讲解大赛、科学实验展演汇演等全国性科普活动，在开展社会性、群众性、经常性的科普活动中发挥示范作用。

（六）注重科普基地品牌打造和科学文化建设，有效开展科普基地宣传推广和科普作品产品创作创新，积极开发公众喜闻乐见的气象科普内容。

（七）积极探索特色化、开放式发展，主动加强部门内外交流合作，善于运用媒体力量开展科普宣传，注重社会效益。

（八）积极推进科普基地信息化、网络化和数字化建设，让气象科学知识覆盖更多人群。

（九）积极参加气象科普工作交流和培训，提高业务能力与水平。

第三章 申报程序

第七条 国家气象科普基地申报工作每两年开展一次。

第八条 申报单位按要求向所在省、自治区、直辖市气象、科技主管部门提出申请。各省、自治区、直辖市气象主管机构会同科技主管部门进行申报材料审核与推荐。经审核同意后向中国气象学会申报。

第九条 中国气象局直属单位、科技部直属单位可直接报送申报材料。

第十条 申报单位需按要求填写国家气象科普基地申报表（见附表）并准备相关申报材料。

第四章 评审与命名

第十一条 中国气象学会按规范程序和标准启动评审工作。评审工作分为材料评审和现场评审两部分，申报单位通过材料评审后方可进入现场评审。

第十二条 评审结果向社会公示，公示期为自公示之日起15天。公示期内，任何单位和个人对拟认定单位有异议，应在规定期限内以真实身份向中国气象局办公室提交书面材料，逾期不予受理。

第十三条 公示后的名单报中国气象局和科技部审定，正式命名为国家气象科普基地。

第五章 运行与管理

第十四条 已命名的国家气象科普基地应认真落实国家关于科学普及工作的部署要求，制定科普工作规划和年度计划，积极向公众普及气象科学知识，提升社会公众气象科学素质。

第十五条 已命名的国家气象科普基地每年应按申报条件中所列内容开展各项科普工作。每年年底向中国气象局和科技部提交年度工作总结。

第十六条 中国气象学会对国家气象科普基地进行年度考核。考核合格者，保留“国家气象科普基地”称号。对考核优秀者，鼓励其进一步发挥示范作用。

第十七条 对国家气象科普基地择优给予能力建设支持，同时向中国气象局、科技部、地方政府等优先推荐承担科普项目，优先提供培训机会等。

第十八条 已命名的国家气象科普基地有下列行为之一的，撤销其命名。

（一）年度考核不合格，经整改后仍不达标的。

（二）不提交年度考核材料，不参加年度考核的。

（三）宣传封建迷信、伪科学及其他有损气象行业名誉的行为。

（四）发生安全责任事故等违法违规行为。

第六章　附　则

第十九条　本办法由中国气象局和科技部负责解释。

第二十条　本办法自印发之日起实施。

附表:国家气象科普基地申报表(略)

气象部门差旅费管理办法

（气发〔2019〕116 号）

2019 年 12 月 25 日

第一章　总　则

第一条　为加强和规范气象部门国内差旅费管理，根据《党政机关厉行节约反对浪费条例》和《中央和国家机关差旅费管理办法》(财行〔2013〕531 号)、《中央和国家机关差旅费管理办法有关问题的解答》(财办行〔2014〕90 号)、《关于印发〈中央和国家机关工作人员赴地方差旅住宿费标准明细表〉的通知》(财行〔2016〕71 号)、《关于规范差旅伙食费和市内交通费收交管理有关事项的通知》(财办行〔2019〕104 号)等文件，结合气象部门实际，对原《气象部门差旅费管理办法》(气发〔2014〕31 号)进行了修订，制定本办法。

第二条　本办法适用于气象部门各级行政、事业单位，以下简称“各单位”。

第三条　差旅费是指工作人员临时到常驻地以外地区公务出差所发生的城市间交通费、住宿费、伙食补助费和市内交通费。

第四条　各单位应当建立健全公务出差审批制度。出差人必须按规定报经单位有关领导批准，填写出差审批单；出差人在填报出差审批单时必须明确填报具体出差事由，出差地点至少填到地区级行政区。

第五条 各单位要严格差旅费预算管理，控制出差人数和天数，控制差旅费支出规模；严禁无实质内容、无明确公务目的的差旅活动，严禁以任何名义和方式变相旅游，严禁异地单位间无实质内容的学习交流和考察调研。

第六条 财政部按照分地区、分级别、分项目的原则制定差旅费标准，并根据经济社会发展水平、市场价格及消费水平变动情况适时调整。气象部门各单位按照该标准执行。标准如有更新，按更新后的标准执行。

第二章 城市间交通费

第七条 城市间交通费是指工作人员因公到常驻地以外地区出差乘坐火车、轮船、飞机等交通工具所发生的费用。

第八条 出差人员应当按规定等级乘坐交通工具。乘坐交通工具的等级见下表：

交通工具 级　别	火车（含高铁、动车、全列软席列车）	轮船（不包括旅游船）	飞机	其他交通工具（不包括出租小汽车）
部级及相当职务人员	火车软席（软座、软卧），高铁/动车商务座，全列软席列车一等软座	一等舱	头等舱	凭据报销
司局级及相当职务人员	火车软席（软座、软卧），高铁/动车一等座，全列软席列车一等软座	二等舱	经济舱	凭据报销
其余人员	火车硬席（硬座、硬卧），高铁/动车二等座、全列软席列车二等软座	三等舱	经济舱	凭据报销

部级及相当职务人员出差，因工作需要，随行一人可乘坐同等级交通工具。

出差人员未按规定等级乘坐交通工具的，超支部分由个人自理；降低规定的等级乘坐交通工具的，按实际费用据实报销，不另外领取补助。

出差人员原则上可以乘坐全列软席列车软座，但在晚 8 时至次日晨 7 时期间乘车时间 6 小时以上的，或连续乘车超过 12 小时的，经单位领导批准，可以乘坐软卧，按照软卧车票报销。

第九条 到出差目的地有多种交通工具可选择时，出差人员在不影响公务、确保安全的前提下，应当选乘经济便捷的交通工具。

第十条 乘坐飞机的，民航发展基金、燃油附加费可以凭据报销。

第十一条 乘坐飞机、火车、轮船等交通工具的，每人次可以购买交通意外保险一份。所在单位统一购买交通意外保险的，不再重复购买。

第三章 住宿费

第十二条 住宿费是指工作人员因公出差期间入住宾馆（包括饭店、招待所，下同）发生的房租费用。

第十三条 财政部分地区制定住宿费限额标准，作为各单位工作人员到相关地区出差的住宿费限额标准。气象部门各单位按该标准执行。

第十四条 部级及相当职务人员住普通套间，司局级及以下人员住单间或标准间。

第十五条 因工作需要，出差人员当日乘坐下午或晚上飞机、火车离开出差地，住宿结账时间较晚，宾馆多收半日或一日住宿费，多收部分可在标准限额内报销。

第十六条 出差人员应当在职务级别对应的住宿费标准限额内，选择安全、经济、便捷的宾馆住宿。

第四章 伙食补助费

第十七条 伙食补助费是指对工作人员在因公出差期间给予的伙食补助费用。

第十八条 伙食补助费按出差自然（日历）天数计算（出差天数不得超过出差审批单批准的天数），按规定标准包干使用。

第十九条 财政部分地区制定伙食补助费标准，作为各单位工作人员到相关地区出差的伙食补助费标准。气象部门各单位按照该标准执行。

第二十条 出差人员出差期间按规定领取伙食补助费。除确因工作需要由接待单位按规定安排的一次工作餐外，其余用餐费用自行解决。出差人员需接待单位协助安排用餐的，应当提前告知控制标准，并向伙食提供方交纳伙食费。

在单位内部食堂用餐，有对外收费标准的，出差人员按对外收费标准交纳；没有对外收费标准的，早餐按照日伙食补助费标准的20％交纳，午餐、晚餐按照日伙食补助费标准的40％交纳。

在宾馆、饭店等餐饮服务单位用餐的，按照餐饮服务单位收费标准交纳相关费用。

第五章 市内交通费

第二十一条 市内交通费是指工作人员因公出差期间发生的市内交通费用。

第二十二条 市内交通费按出差自然（日历）天数计算（出差

天数不得超过出差审批单批准的天数)，每人每天 80 元包干使用。

第二十三条 出差人员出差期间按规定领取市内交通费。接待单位协助提供交通工具并有收费标准的，出差人员按标准交纳，最高不超过日市内交通费标准；没有收费标准的，每人每半天按照日市内交通费标准的 50%交纳。

第六章 报销管理

第二十四条 《公务员职务与职级并行规定》实施后，公务员出差的交通、住宿标准等待遇，不与职级挂钩。实施前已任司局级及相当职务人员仍按照原交通、住宿标准执行。

第二十五条 出差人员应当严格按规定开支差旅费，费用由所在单位承担，不得向下级单位、企业或其他单位转嫁。

第二十六条 城市间交通费按乘坐交通工具的等级凭据报销，订票费、经批准发生的签转或退票费、交通意外保险费凭据报销。

住宿费在标准限额之内凭发票据实报销。

伙食补助费按出差目的地的标准报销，在途期间的伙食补助费按当天最后到达目的地的标准报销。

市内交通费按规定标准报销。

未按规定开支差旅费的，超支部分由个人自理。

第二十七条 工作人员出差结束后应当及时办理报销手续。差旅费报销时应当提供出差审批单(见附件)、机票、车票、住宿费发票等凭证。根据实际情况，还需提供会议通知、培训通知、邀请函、调研函等相应文件。

接待单位协助安排用餐、提供交通工具的，出差人员应当按照标准缴纳费用，接待单位应及时出具相应的行政事业单位资金往来结算票据或税务发票等凭证，确实无法出具上述凭证的，可出具其他收款凭证，个人保存备查，不作为报销依据。所收费用可冲减相关支出或作收入处理。

住宿费、机票支出等按规定用公务卡结算，具体要求按照《气象部门公务卡管理实施办法》执行。

第二十八条 各单位临时聘请专家或人员开展咨询、评审、调研、试验等工作发生差旅事项，可以按规定标准报销差旅费，报销时应附邀请函。

第二十九条 各单位财务部门应当严格按规定审核差旅费开支，对未经批准出差以及超范围、超标准开支的费用不予报销。其中：

（一）工作人员到边远地区出差（不含野外观测实验等科研活动）无法取得住宿费发票的，由出差人员说明情况并经所在部门领导批准，可以报销城市间交通费、伙食补助费和市内交通费。工作人员开展野外观测实验等科研活动，实际缴纳费用但无法取得住宿费发票的，出差人需提前明确住宿的人数、天数及预计发生的金额（必须在住宿费限额内），经所在部门领导审批后，在报销时按照收款收据金额报销住宿费、城市间交通费、伙食补助费和市内交通费。其他情况一般不予报销差旅费。

（二）工作人员到常驻地以外参加会议、培训的，会议、培训期间执行会议和培训费的相关制度。往返会议、培训地点发生的城市间交通费、伙食补助费和市内交通费按照差旅费管理办法的规定报销。

确因工作需要，参加其他部门举办的会议，举办单位统一安排食宿，但要求参加会议人员承担住宿费或伙食费的，会议期间的食宿费可以按规定标准报销，不报销市内交通费；往返会议地点的差旅费由所在单位按照规定报销。

确因工作需要，参加其他部门举办的培训，举办单位统一安排食宿，但要求参加培训人员承担住宿费或伙食费的，培训期间的住宿费按规定标准报销，30天以内的培训伙食补助费按规定标准报销，超过30天的培训，超过天数伙食补助费按规定标准的70%报销；不报销市内交通费；往返培训地点的差旅费由所在单位按照规定报销。

时间超过1个月（含1个月）以上的培训，培训期间逢3天（不含3天）以上的国家法定节假日，可以在国家法定节日期间报销一次往返培训地及常驻地之间的城市间交通费。

（三）气象部门赴异地交流任职、挂职（含借调）和援派（扶贫）的工作人员到原工作地点出差的，无住宿费发票可以按规定标准报销城市间交通费、伙食补助费和市内交通费。所需费用由接收单位负责报销（扶贫人员差旅费可由派出单位负责报销）。

（四）当天往返未发生住宿的或乘坐夕发朝至城际列车没有住宿费发票的，可以报销当天或路程期间的城市间交通费、伙食补助费和市内交通费。

（五）经单位领导批准，工作人员出差期间回家省亲办事的（在审批单上注明省亲办事时间），城市间交通费按不高于从出差目的地返回单位按规定乘坐相应交通工具的票价予以报销，超出部分由个人自理；伙食补助费和市内交通费按从出差目的地返回单位的天数（扣除回家省亲办事的天数）和规定标准予以报销。

（六）自带交通工具出差的，自带交通工具期间不能报销市内交通费。

第七章　监督问责

第三十条　各单位应当加强对本单位工作人员出差活动和经费报销的内控管理，对本单位出差审批制度、差旅费预算及规模控制负责。

各单位相关领导对差旅费报销进行审核把关，确保内容真实完整，财务人员应确保票据合法合规。

各单位应当强化对所属预算单位的监督检查，发现问题及时处理，重大问题向中国气象局报告。

各单位应当自觉接受审计部门对出差活动及相关经费支出的审计监督。对未经批准擅自出差、不按规定开支和报销差旅费的人员进行严肃处理。

第三十一条 计财司会同有关部门对各单位差旅费管理和使用情况进行监督检查。主要内容包括：

（一）单位出差审批制度是否健全，出差活动是否按规定履行审批手续，是否按照审批单行程执行。

（二）差旅费开支范围和标准是否符合规定。

（三）差旅费报销是否符合规定。

（四）是否向下级单位、企业或其他单位转嫁差旅费。

（五）差旅费管理和使用的其他情况。

第三十二条 出差人员不得向接待单位提出正常公务活动以外的要求，不得在出差期间接受违反规定用公款支付的宴请、游览和非工作需要的参观，不得接受礼品、礼金和土特产品等。

第三十三条 违反本办法规定，有下列行为之一的，依法依规追究相关单位和人员的责任：

（一）单位无出差审批制度或出差审批控制不严的。

（二）出差人员提供虚假材料，虚报冒领差旅费的。

（三）擅自扩大差旅费开支范围和提高开支标准的。

（四）不按规定报销差旅费的。

（五）转嫁差旅费的。

（六）其他违反本办法行为的。

有前款所列行为之一的，由计财司会同有关部门责令改正，违规资金应予追回，并视情况予以通报。对直接责任人和相关负责人，报请其所在单位按规定给予行政处分。涉嫌违法的，移送有关部门处理。

第八章　附　则

第三十四条　各单位因公临时赴香港、澳门、台湾地区的差旅费，适用《因公临时出国经费管理办法》。

第三十五条　中国气象局机关及各直属单位可根据本办法结合本单位实际情况，制定具体实施细则。

各省、自治区、直辖市、单列市气象局可根据本办法，结合本地区实际情况及地方管理要求制定具体办法，报中国气象局计划财务司备案。

气象部门民间非营利组织和企业参照本办法执行。

第三十六条　各单位要结合实际情况，制定外单位人员在本单位食堂用餐和车辆使用收费标准及相应收交管理规定。

第三十七条　气象部门所属中央级科研院所可根据《关于进一步完善中央财政科研项目资金管理等政策的若干意见》（中办发〔2016〕50 号）相关规定，自行制定适合本单位的差旅费制度。

第三十八条　本办法由中国气象局负责解释。

第三十九条　本办法自发布之日起施行，原《气象部门差旅费管理办法》（气发〔2014〕31 号）同时废止，气象部门其他有关差旅费管理规定与本办法不一致的，按照本办法执行。

附件：出差审批单（略）

气象部门政府信息公开办法

（气发〔2019〕123号）

2019年12月30日

第一章　总　则

第一条　为了推进和规范气象部门政府信息公开工作，进一步保障公民、法人和其他组织获取气象部门政府信息的权益，依据《中华人民共和国气象法》《中华人民共和国政府信息公开条例》以及其他有关规定，结合气象部门实际情况，制定本办法。

第二条　本办法所称气象部门政府信息，是指各级气象主管机构在履行行政管理职能过程中制作或者获取的，以一定形式记录、保存的信息。

各级气象主管机构组织开展政府信息公开工作，适用本办法。

第三条　中国气象局办公室是气象部门政府信息公开工作的主管部门，负责推进、指导、协调、监督全国气象部门政府信息公开工作。

县级以上气象主管机构承担办公室职能的部门是本行政区域气象部门政府信息公开工作的主管部门，负责推进、指导、协调、监督本行政区域气象部门政府信息公开工作。

第四条　各级气象主管机构应当建立、健全政府信息公开工作制度，指定专门工作机构承担本机关政府信息公开日常工作。政府信息公开工作机构的职责是：

（一）组织制定本机关政府信息公开规章制度和工作规则；

（二）组织协调本机关政府信息公开工作；

（三）组织编制本机关政府信息公开指南、政府信息公开目录（见附表）和政府信息公开工作年度报告；

（四）组织开展本机关政府信息公开前的审查；

（五）组织维护和更新本机关公开的政府信息；

（六）监督考核本机关政府信息公开工作；

（七）监督指导下级气象部门政府信息公开工作；

（八）办理与政府信息公开有关的其他事项。

第五条　各级气象主管机构应当坚持以公开为常态、不公开为例外，遵循公正、公平、合法、便民的原则，及时、准确地公开政府信息。

第六条　省级以上气象主管机构应当把互联网政府网站作为政府信息公开的主要渠道，根据本行政区域内各级气象主管机构政府信息公开工作的需要，建设统一的政府信息公开平台，集中发布主动公开的政府信息。推进政府信息公开平台与政务服务平台融合，提高政府信息公开在线办理水平。

第二章　公开的主体和范围

第七条　各级气象主管机构应当依法公开职责范围内的政府信息，主要包括：本机关制作的政府信息；本机关直接从公民、法人和其他组织获取、并由本机关负责保存的政府信息。

与其他行政机关联合制作的政府信息，本机关牵头的由本机关负责公开，但公开前应当征得其他行政机关同意；其他行政机关牵头的，由牵头行政机关负责公开。

第八条 法律法规规定必须公开和未列入第十条、第十一条、第十二条的政府信息，应当予以公开。公开的方式包括主动公开和依申请公开。

第九条 拟公开的政府信息依照法律、行政法规和国家有关规定需要批准的，应当按程序报经批准后予以公开。

第十条 依法确定为国家秘密的政府信息，法律、行政法规禁止公开的政府信息，公开后可能危及国家安全、公共安全、经济安全和社会稳定的政府信息，不予公开。

第十一条 涉及商业秘密、个人隐私等公开会对第三方合法权益造成损害的政府信息，不得公开。但是，第三方同意公开或者气象主管机构认为不公开会对公共利益造成重大影响的，应当予以公开。

第十二条 气象主管机构的内部事务信息，包括人事管理、后勤管理、内部工作流程等方面的信息，气象主管机构在履行行政管理职能过程中形成的讨论记录、过程稿、磋商信函、请示报告等过程性信息以及行政执法案卷信息，可以不予公开。法律、法规、规章规定上述信息应当公开的，从其规定。

第十三条 各级气象主管机构应当编制、公布本机关政府信息公开指南和政府信息公开目录，并根据变化及时更新。

政府信息公开指南包括政府信息的分类、编排体系、获取方式和政府信息公开工作机构的名称、办公地址、办公时间、联系电话、传真号码、互联网联系方式等内容。

政府信息公开目录包括政府信息的索引、名称、内容概述、生成日期等内容。

第十四条 各级气象主管机构应当建立健全政府信息公开审查机制，明确审查程序和责任，依照《中华人民共和国保守国家秘密法》以及其他法律、法规和国家有关规定对拟公开的政府信息进行审查。本机关不能确定政府信息是否可以公开的，应当依照法律、法规和国家有关规定报有关主管部门或者保密行政管理部门确定。

第十五条 各级气象主管机构应当建立健全政府信息管理动态调整机制，对本机关不予公开的政府信息进行定期评估审查，对因情势变化可以公开的政府信息应当公开。

第三章 主动公开

第十六条 各级气象主管机构应当主动公开涉及公众利益调整、需要公众广泛知晓或者需要公众参与决策的政府信息。主动公开的范围包括：

（一）气象法律、法规、规章、规范性文件和标准；

（二）气象主管机构职能、机构设置、办公地址、办公时间、联系方式、负责人姓名；

（三）气象事业发展规划、计划和相关政策；

（四）气象事业发展情况；

（五）气象部门财政预算、决算信息；

（六）气象部门政府集中采购项目目录、标准及实施情况；

（七）气象部门招考公务员的职位、名额、报考条件及录用结果；

（八）气象主管机构办理行政许可和其他对外管理服务事项的依据、条件、程序以及办理结果；

（九）气象灾害应急预案及应对情况；

（十）气象主管机构组织开展的安全生产监督检查情况；

（十一）法律、法规、规章和国家有关规定要求主动公开的其他政府信息。

第十七条 各级气象主管机构应当依照第十六条规定，确定主动公开政府信息的具体内容,并按照上级气象主管机构部署,不断增加主动公开的内容。

第十八条 各级气象主管机构应当建立健全政府信息发布机制,将主动公开的政府信息通过政府网站、政务新媒体或新闻发布会以及社会主流媒体予以公开。

第十九条 各级气象主管机构应当在政务服务场所设置政府信息查阅点,并配备相应的设施、设备,为公民、法人和其他组织获取本机关主动公开的政府信息提供便利。

第二十条 各级气象主管机构应当按照有关部门的要求,及时向本级档案局(馆)、公共图书馆提供主动公开的政府信息。

第二十一条 属于主动公开范围的政府信息,应当自该政府信息形成或者变更之日起20个工作日内及时公开。法律、法规对政府信息公开的期限另有规定的,从其规定。

第四章 依申请公开

第二十二条 公民、法人或者其他组织可以向气象主管机构申请获取政府信息。各级气象主管机构应当建立完善政府信息公开申请渠道,为申请人依法申请获取本机关政府信息提供便利。

第二十三条 公民、法人或者其他组织申请获取气象部门政府信息的,应当向拥有该政府信息公开权限的气象主管机构提出,并采用包括信件、数据电文在内的书面形式。采用书面形式确有困难的,申请人可以口头提出,由受理机构代为填写政府信息公开申请。

第二十四条 政府信息公开申请应当包括下列内容:

(一)申请人的姓名或者名称、身份证明、联系方式;

(二)申请公开的政府信息的名称、文号或者便于行政机关查询的其他特征性描述;

（三）申请公开的政府信息的形式要求，包括信息载体以及获取信息的方式、途径。

第二十五条 各级气象主管机构应当对收到的政府信息公开申请进行审核。

申请内容不明确的，应当自收到申请之日起 7 个工作日内一次性告知申请人作出补正，说明需要补正的事项和合理的补正期限。申请人无正当理由逾期不补正的，视为放弃申请，可以不再处理该政府信息公开申请。

申请人申请公开政府信息的数量、频次明显超过合理范围，可以要求申请人说明理由。理由不合理的，告知申请人不予处理；理由合理，但是无法在规定的期限内答复申请人的，可以确定延迟答复的合理期限并告知申请人。

第二十六条 气象主管机构收到政府信息公开申请的日期（以下简称收到日期），按照下列规定确定：

（一）申请人当面提交政府信息公开申请的，以提交之日为收到日期；

（二）申请人以邮寄方式提交政府信息公开申请的，以签收之日为收到日期；以平常信函等无需签收的邮寄方式提交政府信息公开申请的，政府信息公开工作机构应当于收到申请的当日与申请人确认，确认之日为收到日期；

（三）申请人通过互联网或者传真提交政府信息公开申请的，政府信息公开工作机构应当于收到申请的当日与申请人确认，确认之日为收到日期；

（四）因申请内容不明确要求申请人补正的，政府信息公开工作机构应当于收到补正件后的当日与申请人确认，确认之日为收到日期。

第二十七条 气象主管机构收到政府信息公开申请，能够当场答复的，应当当场予以答复；不能当场答复的，应当自收到申请之日起 20 个工作日内予以答复。需要延长答复期限的，应当经政府信息公开工作机构负责人同意并告知申请人，延长的期限最长不得超过 20 个工作日。征求第三方和其他机关意见所需时间不计算在内。

第二十八条 依申请公开的政府信息涉及第三方的，受理申请的气象主管机构应当书面征求第三方的意见。第三方应当自收到征求意见书之日起 15 个工作日内提出意见，逾期未提出意见的视为同意公开。第三方不同意公开且有合理理由的，不予公开。不公开可能对公共利益造成重大影响的，可以决定予以公开，并将决定公开的政府信息内容和理由书面告知第三方。

第二十九条 对政府信息公开申请，气象主管机构根据下列情况分别作出答复：

(一)申请公开的信息已经主动公开的，告知申请人获取该政府信息的方式、途径；

(二)申请公开的信息可以公开的，向申请人提供该政府信息，或者告知申请人获取该政府信息的方式、途径和时间；

(三)根据有关规定决定不予公开的，告知申请人不予公开并说明理由；

(四)申请公开的信息经检索确认不存在的，告知申请人该政府信息不存在；

(五)申请公开的信息为本机关公开出版物的，可以告知获取的途径；

(六)申请公开的信息不属于已制作完成或者获取的政府信息，需要另行对现有政府信息进行分析、加工、制作的，可以不予提供；

(七)气象主管机构已就申请人提出的政府信息公开申请作出答复、申请人重复申请公开相同政府信息的，告知申请人不予重复处理；

（八）申请公开的信息属于气象预报预警、气象数据、天气证明等气象业务服务信息的，告知申请人获取规定、渠道和联系方法；

（九）申请人以政府信息公开申请的形式进行信访、投诉、举报、咨询等活动，告知申请人不作为政府信息公开申请处理，并告知申请人信访、投诉、举报、咨询等渠道；

（十）申请公开的信息属于工商、不动产登记资料等信息，有关法律、行政法规对信息的获取有特别规定的，告知申请人依照有关法律、行政法规的规定办理；

（十一）申请公开的信息不属于本行政机关负责公开的，告知申请人并说明理由；能够确定负责公开该政府信息的行政机关的，告知申请人该行政机关的名称、联系方式。

第三十条　申请公开的信息中含有不应当公开或者不属于政府信息的内容，但是能够作区分处理的，气象主管机构应当向申请人提供可以公开的政府信息内容，并对不予公开的内容说明理由。

第三十一条　气象主管机构办理依申请公开政府信息，应当根据申请人的要求及本机关保存政府信息的实际情况，确定提供政府信息的具体形式；按照申请人要求的形式提供政府信息，可能危及政府信息载体安全或者公开成本过高的，可以通过电子数据以及其他适当形式提供，或者安排申请人查阅、抄录相关政府信息。

第三十二条　气象主管机构应当以《政府信息公开告知书》的方式书面答复申请人。告知书应当包括答复意见和救济途径两个部分内容。

第三十三条　申请人有证据证明气象主管机构提供的政府信息不准确的，可以要求更正。气象主管机构审核属实的，应当予以更正并告知申请人；不属于本机关职能范围的，可以转送有权更正的行政机关处理并告知申请人，或者告知申请人向有权更正的行政机关提出。

第三十四条　各级气象主管机构依申请提供政府信息，不收取费用。但是，同一申请人申请公开政府信息的数量、频次明显超过合理范围的，可以根据价格主管部门制定的收费标准收取信息处理费。

第三十五条　多个申请人就相同政府信息向同一气象主管机构提出公开申请，且该政府信息属于可以公开的，气象主管机构可以将该政府信息纳入主动公开的范围。

第三十六条　各级气象主管机构应当建立健全政府信息公开申请登记、审核、办理、答复、归档等工作制度，规范依申请公开政府信息工作管理。

第五章　监督和保障

第三十七条　国务院气象主管机构和省级气象主管机构应当建立健全政府信息公开工作培训制度、考核制度、社会评议制度和责任追究制度，定期对所属行政区域气象部门政府信息公开工作开展培训、考核和评议。

第三十八条　国务院气象主管机构和省级气象主管机构政府信息公开工作主管部门应当加强对政府信息公开工作的日常指导和监督检查，对下级机关未按照要求主动公开政府信息或者对政府信息公开申请不依法答复处理的，予以督促整改或者通报批评。

第三十九条　各级气象主管机构应当在规定的时间内向社会公布上一年度政府信息公开工作年度报告。省级以下气象主管机构在每年 3 月 10 日前公布，国务院气象主管机构在每年 3 月 31 日前公布。

第四十条　政府信息公开工作年度报告应当包括下列内容：

（一）本机关主动公开政府信息的情况；

（二）本机关收到和处理政府信息公开申请的情况；

（三）因政府信息公开工作被申请行政复议、提起行政诉讼的情况；

（四）政府信息公开工作存在的主要问题及改进情况；

（五）其他需要报告的事项。

第四十一条　公民、法人或者其他组织认为气象主管机构在政府信息公开工作中侵犯其合法权益的，可以向上一级气象主管机构或者政府信息公开工作主管部门投诉、举报，也可以依法申请行政复议或者提起行政诉讼。

第四十二条　气象主管机构违反本办法规定，有下列情形之一的，由上一级气象主管机构责令改正；情节严重的，对负有责任的领导人员和直接责任人员依法给予处分；构成犯罪的，依法追究刑事责任：

（一）不依法履行政府信息公开职能；

（二）不及时更新公开的政府信息内容、政府信息公开指南和政府信息公开目录；

（三）违反本办法规定的其他情形。

第六章　附　则

第四十三条　发布气象预报预警信息、公开气象数据等气象业务服务信息，依照《中华人民共和国气象法》和中国气象局有关规定执行。

第四十四条　本办法由中国气象局办公室负责解释。

第四十五条　本办法自 2020 年 1 月 1 日起施行。2008 年 4 月 17 日印发的《气象部门政府信息公开办法》同时废止。

附表　气象部门政府信息主动公开基本目录

序号	信息类别	内容简介
1	机构与职能	
1.1	部门概况	本级及本行政区气象部门简介，本级机构法定职责、办公地址、办公时间、联系方式(值班电话、政务热线)、机构邮箱(局长信箱)、对外办事窗口、来访接待窗口
1.2	机构设置	本级机构设置情况(内设机构、直属单位名称和职能)，所属下级气象主管机构名称、职能和负责人
1.3	负责人基本信息	本级气象主管机构负责人基本信息
2	法规标准	
2.1	法律	《中华人民共和国气象法》
2.2	法规	与《中华人民共和国气象法》相配套的行政法规、地方性法规
2.3	规章	中国气象局发布的部门规章、地方政府发布的关于气象工作的政府规章
2.4	行业标准	气象主管机构发布的行业标准
3	政策文件	
3.1	规范性文件	气象主管机构制发的规范性文件
3.2	其他文件	气象主管机构制发的需要公众广泛知晓的文件
3.3	政策解读	对气象法律、行政法规、地方性法规、政府规章和规范性文件进行解读的文章
4	规划计划	本级气象事业发展规划、计划
5	行政执法	
5.1	权力和责任清单	气象主管机构权力和责任清单
5.2	行政许可	气象行政许可事项办事指南和办理结果
6	财政资金	本级气象部门预算、决算信息情况
7	人事信息	

续表

序号	信息类别	内容简介
7.1	人事任免	本级气象主管机构管理的中层干部人事任免信息
7.2	招聘信息	公务员招考、人事招聘、毕业生招录有关信息
8	其他信息	国家、地方规定应当公开的其他信息

注:基本目录所列事项为必须主动公开的事项,适用于省级以上气象主管机构。各单位在制定本机关政府信息主动公开目录时,可以在基本目录的基础上进一步增加或细化,但不能减少。地市级以下气象主管机构主动公开目录由省级气象主管机构结合当地实际制定。

气象行政执法公示办法、气象行政执法全过程记录办法、气象重大行政执法决定法制审核办法

（气发〔2019〕127号）

2020年1月3日

气象行政执法公示办法

第一条 为规范依法行政，提高气象行政执法的透明度，切实保护公民、法人和其他组织的合法权益，根据《国务院办公厅关于全面推行行政执法公示制度执法全过程记录制度重大执法决定法制审核制度的指导意见》，结合气象部门实际，制定本办法。

第二条 本办法所称气象行政执法公示是指气象主管机构通过一定载体和方式，将执法主体、执法人员、执法依据、执法类别、执法程序、执法结果、救济渠道、监督方式等行政执法信息，主动向社会公开，并接受社会监督的活动。

第三条 各级气象主管机构应当在气象行政许可、行政处罚、行政检查等行政执法行为中全面推行行政执法公示制度。

第四条 气象行政执法公示坚持以公开为常态、不公开为例外，遵循公平、公正、及时、全面、准确、便民的原则。

第五条 各级气象主管机构应当依法公示以下行政执法内容信息：

（一）执法主体。包括执法主体的名称、职责、管辖范围；

（二）执法人员。包括执法人员的姓名、单位、执法证件号、执法区域等信息；

（三）执法依据。包括行政执法所依据的法律、法规、规章等；

（四）执法类别。包括行政许可、行政处罚、行政检查等职权事项；

（五）执法程序。包括法律、法规、规章等规定的执法方式、步骤、时限等；

（六）执法结果。包括行政许可、行政处罚、行政检查等执法结果，但法律、法规、规章另有规定的除外；

（七）救济渠道。包括行政相对人依法享有的听证权、陈述权、申辩权、申请行政复议、提起行政诉讼等权利和救济途径；

（八）监督方式。包括监督举报地址、邮编、电话、邮箱及受理反馈程序；

（九）法律、法规、规章规定应当公开的其他行政执法信息。

第六条 各级气象主管机构应当在行政许可窗口主动公示以下内容：

（一）气象行政许可事项名称、依据、条件、实施主体、受理机构、办理流程、办理时限；

（二）需要申请人提交材料的目录、格式文书示范文本；

（三）工作人员姓名、职务、工作状态等信息；

（四）办公时间、办公地址、办公电话及网上咨询、投诉监督、办理状态查询的渠道。

第七条 各级气象主管机构应当根据相关法律、法规、规章规定，编制本单位行政执法流程图和服务指南，方便群众办事。

第八条 出现新公布、修改、废止法律、法规、规章或者部门机构职能调整等情况，引起气象行政执法公示内容发生变化的，各级气象主管机构应当自有关法律、法规、规章生效、废止或者部门机构职能调整之日起20个工作日内更新相关公示内容。

第九条 各级气象主管机构应当根据“双随机、一公开”监管要求，编制本单位随机抽查事项清单，明确抽查主体、依据、对象、内容、比例、方式、频次等，制定执法检查工作方案，在检查开展前公开。

第十条 气象行政执法人员在开展监督检查、调查取证、送达执法文书等执法活动时，应当佩戴或者主动出示执法证件，依法出具执法文书，告知行政相对人执法事由、执法依据、权利义务、救济渠道等，听取行政相对人的陈述、申辩，回答行政相对人的询问，并做好说明解释工作。

第十一条 各级气象主管机构应当自行政执法决定作出之日起20个工作日内，向社会公布执法主体、执法对象、执法类别、执法结果等信息，接受社会监督。行政许可及行政处罚决定应当自作出之日起7个工作日内公开，但法律、行政法规另有规定的除外。

第十二条 行政执法决定（结果）信息有下列情形之一的，不予公开：

（一）依法确定为国家秘密的；

（二）涉及商业秘密、个人隐私等公开会对第三方合法权益造成损害的；

（三）公开后可能危及国家安全、公共安全、经济安全和社会稳定的；

（四）法律、法规、规章规定不予公开的其他情形。

第十三条 对于本办法第十二条规定的不予公开情形，依法确需公开的，或者行政相对人、利益相关人申请公开的，应当经过适当处理，隐去有关信息。

第十四条 气象行政执法公示载体包括：

（一）办公场所。通过电子显示屏、触摸屏、信息公开栏、专栏、明白纸、咨询台等方式，在办公场所和行政许可窗口公示气象行政执法相关内容信息；

（二）网络平台。通过门户网站等网络平台公示气象行政执法相关内容信息；

（三）传统媒体。利用报刊、广播、电视、新闻发布会等方式公示气象行政执法相关内容信息。

第十五条 气象行政执法决定信息通过网络平台公示满2年的，可以从网络平台撤下。

已经公开的气象行政执法决定被依法撤销、确认违法或者要求重新作出的，应当及时从信息发布平台撤下原气象行政执法决定信息，并作出必要说明。

第十六条 各级气象主管机构发现公开的行政执法信息不准确的，应当及时更正。公民、法人或者其他组织有证据证明公示的气象行政执法信息不准确的，有权要求更正，相关气象主管机构应当及时作出处理。

第十七条 各级气象主管机构应当构建建立分工明确、职责明晰、便捷高效的行政执法公示运行机制，明确专门机构或者人员负责公示内容的梳理、汇总、传递、发布和更新工作。

第十八条 各级气象主管机构应当对拟公示的行政执法信息进行内部审核，未经审核不得发布。

第十九条 省及以下气象主管机构应当于每年1月31日前公开上年度行政执法统计数据，并报上一级气象主管机构和本级人民政府司法行政部门。

第二十条 各级气象主管机构应当建立健全责任追究制度，

对不按要求公示、选择性公示、更新维护不及时的，责令限期整改；情节严重的，追究有关人员责任。

第二十一条 本办法由中国气象局政策法规司负责解释。

第二十二条 本办法自印发之日起施行。

气象行政执法全过程记录办法

第一章 总 则

第一条 为促进气象主管机构严格规范公正文明执法，保障公民、法人和其他社会组织合法权益，根据《国务院办公厅关于全面推行行政执法公示制度执法全过程记录制度重大执法决定法制审核制度的指导意见》，结合气象部门实际，制定本办法。

第二条 本办法所称气象行政执法全过程记录，是指各级气象主管机构通过文字、音像等形式，对行政执法的程序启动、调查取证、审查决定、送达执行等行政执法全部过程进行记录，并全面系统归档保存的活动。

文字记录是以纸质文件或者电子文件形式对气象行政执法活动进行记录的方式。

音像记录是通过照相机、录音机、摄像机、执法记录仪、视频监控等设备，对气象行政执法活动进行记录的方式。

第三条 各级气象主管机构应当在行政许可、行政处罚、行政检查等气象行政执法行为中全面推行行政执法全过程记录制度。

第四条 气象行政执法全过程记录坚持合法、客观、全面的原则。

第五条 各级气象主管机构应当根据行政执法行为的类别、事项、阶段、环节等，采取合法、适当、有效的方式对执法全过程进行记录。

第六条 现场勘验、核查、考核、检查，调查取证、证据先行登记保存，举行听证，留置送达、委托送达、公告送达等气象行政执法过程，应当进行音像记录。

音像记录应当重点记录以下事项：

（一）现场执法环境；

（二）当事人、证人、第三人等现场有关人员情况；

（三）与气象行政执法相关的重点物品及其主要特征，以及其他证据；

（四）执法人员对有关财物采取措施的情况；

（五）执法人员现场制作、送达气象行政执法文书的情况；

（六）其他重要事项。

第七条 各级气象主管机构应当建设询问室或者听证室等音像记录场所，并根据实际需要配备照相机、录音机、摄像机、执法记录仪、视频监控等音像记录设备。

第二章 行政许可记录

第八条 申请事项依法不需要取得气象行政许可的，应当即时告知申请人不受理；申请事项依法不属于职权范围的，应当即时出具不予受理通知书，并告知申请人向有关行政机关申请。

申请事项属于职权范围的，申请材料不齐全或者不符合法定形式的，应当当场或者在5个工作日内一次性告知申请人需要补正的全部内容，并出具一次性补正告知书。

第九条 申请材料齐全、符合法定形式的，应当受理并出具受理通知书，依法需要现场核查、评审的，应当同时书面告知申请人现场核查、评审依据及所需时间。

第十条 气象行政许可受理后，应当将申请材料流转至审查环节，并在相关行政许可审批表或者网上审批系统建立流转记录。

第十一条 气象主管机构在审查环节可以就有关事项向申请人询问，制作询问笔录，申请人提供陈述、申辩书面材料的，应当随申请材料一并审查。

第十二条 需要进行现场勘验、核查、考核的，应当书面记录有关情况，同时进行音像记录。

需要委托开展技术评价或者检测的，应当制作委托书，并由受委托机构出具技术评价报告或者检测报告。

需要召开专家评审会议的，评审会议应当全程记录，并形成评审意见。

第十三条 依法需要听证的行政许可事项，应当制作听证告知书或者发布听证公告；听证过程应当制作听证笔录，并全程进行音像记录。因当事人放弃听证权利未举行听证的，应当予以书面记录。

第十四条 气象重大行政许可决定作出前，应当进行法制审核，形成法制审核意见。

第十五条 依法应当先经下级气象主管机构审查后报上级气象主管机构决定的行政许可事项，下级气象主管机构受理申请后，应当在法定期限内进行初步审查并出具初审意见。

第十六条 准予行政许可的，应当出具准予行政许可决定书，需要颁发行政许可证件的，应当向申请人颁发加盖本气象主管机构印章的行政许可证件。

不予行政许可的，应当出具不予行政许可决定书，说明不予许可的理由，并告知申请人享有依法申请行政复议或者提起行政诉讼的权利。

第十七条 申请行政许可变更的，应当出具准予变更行政许可决定书或者不予变更行政许可决定书。

申请行政许可延续的，应当出具准予延续行政许可决定书或者不予延续行政许可决定书。

第十八条 气象主管机构将行政许可有关文书送达当事人，应当取得送达凭证。

第三章 行政处罚记录

第十九条 气象主管机构通过监督检查或者收到投诉、申诉、举报、其他机关移送、上级机关交办材料等途径发现案源后，应当对案件来源、时间、当事人基本情况、基本案情等予以书面记录。

第二十条 符合立案条件的，应当制作立案审批表。不符合立案条件不予立案的，应当记录相关情况。案件来源为实名投诉、申诉、举报的，还应当书面告知投诉人、申诉人、举报人。

第二十一条 经立案调查，超出管辖范围或者违法行为涉嫌犯罪的，应当制作案件移送书，向有管辖权的行政机关或者司法机关移送。

第二十二条 对当事人、证人等有关人员进行调查询问，应当制作调查询问笔录。

通知当事人或者有关人员接受调查询问，应当制作执法通知书，并取得送达凭证。

第二十三条 需要对有关场所进行检查的，应当制作现场勘验检查笔录，同时进行音像记录。

第二十四条 需要委托鉴定机构对案件中的专门事项进行鉴定的，应当制作鉴定委托书，并取得鉴定机构出具的书面鉴定意见。

第二十五条 需要其他单位协助调查与案件有关的特定事项的，应当对协助调查的原因、依据、调查内容等予以书面告知，并取得相关单位出具的调查材料。

第二十六条　需要先行登记保存证据的，应当填写证据登记保存审批表，制作证据登记保存通知书；解除证据登记保存时，应当填写解除证据登记保存审批表，制作解除证据登记保存通知书。

证据登记保存和解除登记保存时，应当取得送达凭证，同时进行音像记录。

第二十七条　案件调查完毕，应当形成调查终结报告。

第二十八条　气象主管机构负责人应当对调查结果进行审查。情节复杂或者涉及重大违法行为的，应当集体讨论，制作案件讨论记录。

第二十九条　拟给予行政处罚的，应当制作气象行政处罚告知书，并取得送达凭证。当事人提出陈述、申辩意见的，应当予以书面记录或者保存。

第三十条　符合听证条件的，应当制作气象行政处罚听证告知书，并取得送达凭证。

当事人要求听证的，应当制作听证通知书，并取得送达凭证。听证过程应当制作听证笔录，并全程进行音像记录。因当事人放弃听证权利而未举行听证的，应当予以书面记录。

第三十一条　气象重大行政处罚决定作出前，应当进行法制审核，形成法制审核意见。

第三十二条　经立案调查，作出给予行政处罚、不予行政处罚、销案、移送其他机关等处理决定的，应当将结果书面告知当事人和实名的投诉人、申诉人、举报人。

第三十三条　适用简易程序的气象行政处罚案件，应当制作现场调查询问笔录，当场告知当事人拟作出气象行政处罚决定的事实、理由、依据及当事人依法享有的权利。当事人进行陈述、申辩的，应当将陈述、申辩情况记入笔录。依法决定给予行政处罚的，应当制作现场处罚决定书，送达当事人。

第三十四条　当事人履行气象行政处罚决定的，应当对履行情况进行记录，留存相关证据资料。

第三十五条 当事人在法定期限内不申请行政复议或者提起行政诉讼，又不履行气象行政处罚决定的，应当制作履行行政处罚决定催告书，并取得送达凭证。

当事人收到催告书后进行陈述和申辩的，应当充分听取当事人的意见，对当事人提出的事实、理由和证据进行记录。

第三十六条 经催告，当事人在法定期限内仍不履行行政处罚决定的，气象主管机构应当向人民法院申请强制执行，提交申请书及相关材料。

人民法院出具的相关文书应当一并保存。

第三十七条 气象行政处罚案件办结后，应当制作结案审查表，并形成结案报告。

第四章 行政检查记录

第三十八条 开展行政检查活动，应当形成检查记录，并建立检查台账，纳入相关信息系统。

第三十九条 行政检查活动中，气象主管机构查阅相关档案和材料，对当事人调查询问的，应当制作调查询问笔录。

第四十条 检查中发现违法行为且符合立案条件的，应当启动行政处罚程序，并予以书面记录。

第五章 管理与监督

第四十一条 各级气象主管机构应当完善气象行政执法案卷管理制度，加强对执法台账、执法文书及相关材料的制作、采集、使用和管理，归档保存执法全过程记录资料。

第四十二条 各级气象主管机构应当在机关档案室建立气象

行政执法卷宗，将行政执法档案纳入机关档案进行管理，并建立记录信息调阅监督制度。

第四十三条 涉及国家秘密、商业秘密和个人隐私的执法记录信息，应当严格按照有关规定和权限进行管理。

第四十四条 设区的市级以上气象主管机构应当组织对本级执法机构和下级气象主管机构的行政许可、行政处罚等行政执法案卷进行评查，公布评查结果。

第四十五条 气象行政执法全过程记录工作中，有下列情形之一的，责令限期整改；情节严重的，追究有关人员责任：

（一）不制作或者不按要求制作执法全过程记录的；

（二）泄露执法记录信息的；

（三）故意损毁，随意删除、修改执法全过程中文字或者音像记录信息的；

（四）未按规定归档保存执法记录，致使记录损毁、丢失的；

（五）其他违反执法全过程记录规定的。

第六章　附　则

第四十六条 本办法由中国气象局政策法规司负责解释。

第四十七条 本办法自印发之日起施行。

气象重大行政执法决定法制审核办法

第一条 为加强对气象行政执法行为的监督，规范气象重大行政执法决定法制审核，保护公民、法人和其他组织的合法权益，根据《国务院办公厅关于全面推行行政执法公示制度执法全过程记录制度重大执法决定法制审核制度的指导意见》，结合气象部门实际，制定本办法。

第二条 本办法所称气象重大行政执法决定法制审核，是指气象主管机构在作出重大行政许可、行政处罚等决定前，对其合法性、适当性进行审核的活动。

第三条 中国气象局政策法规司负责国务院气象主管机构重大行政执法决定法制审核工作。

省、自治区、直辖市气象主管机构应当根据本行政区域内气象行政执法工作实际，分别确定承担本级、设区的市级、县级气象主管机构重大行政执法决定法制审核的机构。

第四条 具有下列情形之一的，应当进行法制审核，未经审核或者审核未通过的，不得作出气象行政执法决定：

（一）涉及重大公共利益的；

（二）可能造成重大社会影响或者引发社会风险的；

（三）直接关系行政相对人或者第三人重大权益的；

（四）经过听证程序作出气象行政许可决定，或者作出不予行政许可决定的；

（五）适用一般程序作出气象行政处罚决定的；

（六）疑难复杂、涉及多个法律关系的；

（七）法律、法规、规章规定应当进行法制审核的。

第五条 国务院气象主管机构负责编制气象重大行政执法决定法制审核指导目录，对审核范围进行界定。

省及以下气象主管机构在指导目录基础上，结合本地实际，制定目录实施清单，并根据法律、法规、规章制修订情况进行动态调整。

第六条 气象重大行政执法决定作出前，气象主管机构的有关内设机构或者专门执法机构（以下统称承办机构）应当将有关材料送承担法制审核工作的机构（以下称审核机构）进行审核。

第七条 承办机构在送审时应当提交以下材料：

（一）行政许可的申请材料或者行政处罚的调查终结报告；

（二）行政执法决定建议及理由、依据；

（三）行政执法文书；

（四）相关证据资料、评估报告、评审意见等；

（五）其他需要提交的材料。

审核机构认为提交材料不齐全的，可以要求承办机构在指定时间提交。

第八条 审核机构应当从以下几个方面进行法制审核：

（一）行政执法主体是否合法，行政执法人员是否具备执法资格；

（二）行政执法程序是否合法；

（三）案件事实是否清楚，证据是否合法充分；

（四）适用法律、法规、规章是否准确，裁量基准运用是否适当；

（五）执法是否超越执法主体法定权限；

（六）行政执法文书是否完备、规范；

（七）违法行为是否涉嫌犯罪，需要移送司法机关；

（八）其他应当审查的内容。

第九条 审核机构在审核过程中，有权调阅气象行政执法活动相关材料；必要时也可以向当事人进行调查，相关单位和个人应当予以协助配合。

第十条 审核机构对拟作出的气象重大行政执法决定进行审核后，根据不同情况，提出相应的书面审核意见。

（一）主体合法、人员具备执法资格、事实认定清楚、证据合法充分、依据准确、裁量适当、程序合法、执法文书完备规范的，提出同意的意见；

（二）符合下列情形之一的，提出补充调查或者改正的意见：

1. 事实认定不清；

2.证据和程序有瑕疵；

3.依据不准确；

4.执法文书不规范；

5.裁量不适当。

（三）符合下列情形之一的，提出不同意作出气象行政执法决定的意见：

1.主体不合法；

2.人员不具备执法资格；

3.主要证据不合法；

4.违反法定程序。

（四）超出法定权限或者违法行为涉嫌犯罪的，提出移送意见。

第十一条 审核机构在收到气象重大行政执法决定送审材料后，应当在7个工作日内审核完毕。案件复杂的，经气象主管机构负责人批准可以延长5个工作日。

第十二条 有公职律师的审核机构应当委托公职律师参与法制审核工作。

案情复杂、专业性较强的案件，审核机构还应当征求法律顾问意见，必要时可以组织召开座谈会、专家论证会等进行研究论证。

第十三条 法制审核完成后，审核机构应当作出书面审核意见，连同送审材料回复承办机构。

第十四条 审核意见属于本办法第十条第（二）、（三）、（四）项规定情形的，承办机构应当进行研究，作出相应处理后再次报送法制审核。

承办机构对审核意见有异议的应当协商沟通，经沟通仍无法达成一致意见的，将双方意见一并报送审核机构所在的气象主管机构主要负责人处理。

第十五条 承办机构的承办人员、审核机构的审核人员以及作出气象重大行政执法决定的负责人因不履行或者不正确履行职责，导致决定错误，造成严重后果的，依法追究相关人员的责任。

第十六条 本办法由中国气象局政策法规司负责解释。

第十七条 本办法自印发之日起施行。

中国气象局办公室关于加强气象规范性文件管理工作的通知

（气办发〔2019〕3号）

2019年2月27日

近日，国务院办公厅先后印发《国务院办公厅关于加强行政规范性文件制定和监督管理工作的通知》（国办发〔2018〕37号）和《国务院办公厅关于全面推行行政规范性文件合法性审核机制的指导意见》（国办发〔2018〕115号），对行政规范性文件管理工作提出了新的要求。按照党中央、国务院关于推进依法行政、建设法治政府的部署和要求，做好气象规范性文件的制定和监督管理工作，全面推行气象规范性文件合法性审核机制，现将有关工作要求通知如下。

一、指导思想

以习近平新时代中国特色社会主义思想为指导，全面贯彻党的十九大和十九届二中、三中全会精神，认真落实党中央、国务院决策部署，按照依法治国、依法执政、依法行政共同推进，法治国家、法治政府、法治社会一体建设的要求，进一步规范全国气象部门规范性文件的制定和监督管理工作，全面推行气象规范性文件合法性审核机制，维护国家法制统一、尊严、权威，加快气象法治建设进程，提高气象部门依法行政能力。

二、明确适用范围

气象规范性文件是除国务院的行政法规、决定、命令以及部门规章和地方政府规章外，由各级气象主管机构依照法定权限、程序制定并公开发布，涉及公民、法人和其他组织权利义务，具有普遍约束力，在一定期限内反复适用的公文。各级气象主管机构内部执行的管理规范、工作制度、机构编制、会议纪要、工作方案、请示报告及表彰奖惩、人事任免等文件，不属于气象规范性文件的范围。

三、严禁越权发文

坚持法定职责必须为、法无授权不可为，严格按照法定权限履行职责，严禁以内设机构名义制发气象规范性文件。要严格落实权责清单制度，气象规范性文件不得增加法律、法规规定之外的行政权力事项或者减少法定职责；不得设定行政许可、行政处罚、行政强制等事项，增加办理行政许可事项的条件，规定出具循环证明、重复证明、无谓证明的内容；不得违法减损公民、法人和其他组织的合法权益或者增加其义务，侵犯公民人身权、财产权、人格权、劳动权、休息权等基本权利；不得超越职权规定应由市场调节、企业和社会自律、公民自我管理的事项；不得违法制定含有排除或者限制公平竞争内容的措施，违法干预或者影响市场主体正常生产经营活动，违法设置市场准入和退出条件等。

四、规范制发程序

气象规范性文件必须严格依照法定程序制发，重要的气象规范性文件要严格执行评估论证、公开征求意见、合法性审核、集体审议决定、向社会公开发布等程序。要加强制发程序管理，健全工作机制，完善工作流程，确保制发工作规范有序。

（一）认真评估论证。全面论证气象规范性文件制发的必要性、可行性和合理性，是确保规范性文件合法有效的重要前提。起草气象规范性文件，要对有关措施的预期效果和可能产生的影响进行评估，对该文件是否符合法律法规和国家政策、是否符合社会主义核心价值观、是否符合公平竞争审查要求等进行把关。对专业性、技术性较强的气象规范性文件，要组织相关领域专家进行论证。评估论证结论要在文件起草说明中写明，作为制发文件的重要依据。

（二）广泛征求意见。除依法需要保密的外，对涉及群众切身利益或者对公民、法人和其他组织权利义务有重大影响的气象规范性文件，要向社会公开征求意见。起草部门可以通过政府网站、新闻发布会以及报刊、广播、电视等便于群众知晓的方式，公布文件草案及其说明等材料，并明确提出意见的方式和期限。对涉及群众重大利益调整的，起草部门要深入调查研究，采取座谈会、论证会、实地走访等形式充分听取各方面意见，特别是利益相关方的意见。建立意见沟通协商反馈机制，对相对集中的意见建议不予采纳的，公布时要说明理由。

（三）坚持集体审议。制定气象规范性文件要实行集体研究讨论制度，防止违法决策、专断决策、“拍脑袋”决策。气象部门制定的规范性文件要经本部门办公会议审议决定。集体审议要充分发扬民主，确保参会人员充分发表意见，集体讨论情况和决定要如实记录，不同意见要如实载明。

（四）及时公开发布。气象规范性文件经审议通过或批准后，由制定机关统一登记、统一编号、统一印发，并及时通过官方网站、政务新媒体、报刊、广播、电视、公示栏等公开向社会发布，不得以内部文件形式印发执行，未经公布的气象规范性文件不得作为行政管理依据。对涉及群众切身利益、社会关注度高、可能影响气象部门形象的行政规范性文件，起草部门要做好出台时机评估工作，在文件公布后会同宣传部门加强舆情收集，及时研判处置，主动回应关切，通过新闻发布会、媒体访谈、专家解读等方式进行解释说明，充分利用政府网站、社交媒体等加强与公众的交流和互动。

五、全面推行合法性审核

《气象规范性文件管理办法》已明确提出制定气象规范性文件

进行合法性审核的要求，《国务院办公厅关于全面推行行政规范性文件合法性审核机制的指导意见》（国办发〔2018〕115号）再次对全面推行行政规范性文件合法性审核机制提出明确要求，建立程序完备、权责一致、相互衔接、运行高效的气象规范性文件合法性审核机制，是做好合法性审核工作的重要保证。各级气象部门应当严格落实国务院文件和部门规章要求，确保所有气象规范性文件均经过合法性审核。

（一）落实双重审核职责。制定机关的办公机构要对起草部门是否严格依照规定的程序起草、是否进行评估论证、是否广泛征求意见等进行审核。制定机关负责合法性审核的部门要对文件的制定主体、程序、有关内容等是否符合法律、法规和规章的规定，及时进行合法性审核。各级气象部门对气象规范性文件合法性审核的权限按照《气象规范性文件管理办法》的规定执行。未经合法性审核或者经审核不合法的，不得提交集体审议。

（二）严格审核内容要点。审核机构要认真履行审核职责，防止重形式、轻内容、走过场，严格审核以下内容：制定主体是否合法；是否超越制定机关法定职权；内容是否符合宪法、法律、法规、规章和国家政策规定；是否违法设立行政许可、行政处罚、行政强制、行政征收、行政收费等事项；是否存在没有法律、法规依据作出减损公民、法人和其他组织合法权益或者增加其义务的情形；是否存在没有法律、法规依据作出增加部门权力或者减少部门法定职责的情形；是否违反规范性文件制定程序。

（三）完善审核意见采纳。审核机构要根据不同情形提出合法、不合法、应当予以修改的书面审核意见。起草单位应当根据合法性审核意见对规范性文件作必要的修改或者补充；特殊情况下，起草单位未完全采纳合法性审核意见的，应当在提请制定机关审议时详细说明理由和依据。除为了预防、应对和处置突发事件，或者执行上级机关的紧急命令和决定需要立即制定实施规范性文件等外，合法性审核时间一般不少于5个工作日，最长不超过15个工作日。

（四）创新审核工作方式。审核机构可以根据工作需要，采用多种方式进行合法性审核，提高质量和效率。对影响面广、情况复杂、社会关注度高的气象规范性文件，如审核过程中遇到疑难法律问题，要在书面征求意见的基础上，采取召开座谈会、论证会等方式听取有关方面意见。要建立健全专家协助审核机制，充分发挥法律顾问、公职律师和有关专家作用。

六、加强监督检查

（一）强化备案监督。健全气象规范性文件备案监督制度，做到有件必备、有备必审、有错必纠。制定机关要严格按照《气象规范性文件管理办法》规定的程序和时限报送备案，主动接受监督。负责备案审查的部门要加大备案监督力度，及时处理违法文件，对审查发现的问题可以采取适当方式予以通报。健全行政规范性文件动态清理工作机制，根据全面深化气象改革、全面推进气象法治建设要求和气象现代化建设需要，以及上位法和上级文件制定、修改、废止情况，及时对本部门制定的气象规范性文件进行清理。充分利用社会监督力量，健全公民、法人和其他组织对气象规范性文件的建议审查制度。

（二）加强督查考核。完善气象规范性文件制发管理制度，将行政规范性文件制定和监督管理工作纳入各级气象部门目标管理考核的内容。要充分发挥合法性审核机制对确保规范性文件合法有效的把关作用，不得以征求意见、会签、参加审议等方式代替合法性审核。自通知之日起，地方各级气象部门报送备案的气象规范性文件需同时报送合法性审核意见，中国气象局将建立规范性文件监督管理情况通报制度，对工作落实好的，予以通报表扬；对工作落实不力的，予以通报批评。

气象部门通过法定途径处理信访诉求工作清单(试行)

（气办发〔2019〕5号）

2019年3月18日

依据国家信访局印发的《依法分类处理信访诉求工作规则》文件精神，按照“法定途径优先”原则，结合气象部门实际，对通过仲裁、申诉、行政复议、诉讼、信息公开等途径解决的信访事项，进行如下梳理分类。

一、申诉求决类

本清单申诉求决是指信访人因同气象部门发生人事劳动争议或因气象部门做出的具体行政行为产生纠纷后，依据法律法规或章程规定，要求重新处理或者解决矛盾纠纷的行为。

（一）因人事劳动争议引发纠纷

主要是指气象部门机关、事业单位、企业与其建立人事、劳动关系的工作人员之间引发争议。

1.具体诉求

（1）参照公务员法管理的机关（单位）与工作人员间因终止人事关系引发争议；

（2）事业单位与其建立人事关系的工作人员因终止人事关系及履行聘用合同引发争议；

(3)气象部门所属企业与建立合同关系的工作人员因终止劳动关系及履行聘用合同引发争议；

(4)因工作时间、休息休假、社会保险、福利、培训、档案等引发争议；

(5)因人事处理(含处分、辞退、降职、定期考核为不称职、免职或取消录用等)引发争议；

(6)因劳动保护、劳动报酬、工伤医疗费、因公致残、经济补偿或赔偿金等引发争议；

(7)其他相关行为引发的争议。

2.法定途径

(1)向仲裁委员会申请仲裁；

(2)向法院提起诉讼；

(3)向人事归口管理部门提出申诉。

3.主要依据

《公务员法》《监察法》《劳动合同法》《劳动争议调解仲裁法》《行政机关公务员处分条例》《事业单位人事管理条例》《事业单位工作人员处分暂行规定》《事业单位工作人员申诉规定》《劳动人事争议仲裁办案规则》等和中国气象局相关规定。

(二)因具体行政行为引发纠纷

主要是指因气象部门作出的行政审批、行政处罚等行政行为引发纠纷。

1.具体诉求

(1)不服气象部门作出的下列行政许可行为：

①雷电防护装置检测单位资质认定，包括电力、通信雷电防护装置检测单位资质认定(国务院气象主管机构和国务院电力或者国务院通信主管部门共同审批)和除电力、通信以外的雷电防护装置检测单位资质认定；

②升放无人驾驶自由气球、系留气球单位资质认定；

③雷电防护装置设计审核和竣工验收，包括雷电防护装置设计审核和雷电防护装置竣工验收；

④新建、扩建、改建建设工程避免危害气象探测环境审批；

⑤气象台站迁建审批，包括大气本底站、国家基准气候站、国家基本气象站迁建审批（中国气象局审批）和除大气本底站、国家基准气候站、国家基本气象站以外的气象台站迁建审批；

⑥气象专用技术装备（含人工影响天气作业设备）使用审批（中国气象局审批）；

⑦外国组织和个人在华从事气象活动审批（中国气象局审批）；

⑧升放无人驾驶自由气球或者系留气球活动审批。

(2)不服气象部门作出的下列行政处罚行为：

①危害气象设施行为的处罚；

②危害气象探测环境行为的处罚；

③使用不符合技术要求的气象专用技术装备的处罚；

④违法进行涉外气象探测活动的处罚；

⑤非法发布气象预报、灾害性天气预警、气象灾害预警信号的处罚；

⑥非法向社会传播气象预报、灾害性天气警报、预警信号的处罚；

⑦违反气象信息服务管理规定的处罚；

⑧违反气候可行性论证管理规定的处罚；

⑨开展气象探测活动未备案或未按规定汇交气象探测资料的处罚；

⑩使用不符合规定气象资料的处罚；

⑪违反气象资料使用规定的处罚；

⑫将所获得的气象资料有偿转让或用于经营性活动的处罚；

⑬违反涉外气象资料管理规定活动的处罚；

⑭违反人工影响天气作业规定的处罚；

⑮违反人工影响天气作业设备使用规定的处罚；

⑯违反升放气球资质管理等规定的处罚；

⑰违反升放气球安全管理等规定的处罚；

⑱安装不符合使用要求的雷电灾害防护装置的处罚；

⑲违反雷电防护装置检测资质管理规定的处罚；

⑳违反雷电防护装置设计审核、竣工验收等管理规定的处罚；

㉑违反雷电防护装置安装、设计、施工、检测管理规定的处罚；

㉒重大雷电灾害事故隐瞒不报的处罚；

㉓行政许可申请人隐瞒有关情况或者提供虚假材料申请行政许可的处罚；

㉔被许可人以欺骗、贿赂等不正当手段取得行政许可的处罚。

(3)不服气象部门作出的其他行政行为的诉求。

2.法定途径

(1)向相关职责管理部门申请行政复议；

(2)向法院提起诉讼。

3.主要依据

《气象法》《行政处罚法》《行政许可法》《行政复议法》《行政诉讼法》《人工影响天气管理条例》《气象灾害防御条例》《气象设施和气象探测环境保护条例》等和中国气象局相关规定。

(三)因园区管理引发纠纷

主要是指气象部门园区管理中引发的各类矛盾纠纷。

1.具体诉求

(1)园区土地产权、产籍管理产生纠纷；

(2)机关和直属单位办公、业务用房和园区住宅、公寓及配套服务用房的产权、产籍管理产生纠纷；

(3)园区人防工程管理及地下空间日常管理产生纠纷；

(4)园区房屋、地下管网(水、电、气、暖等)、道路等基础设施的统一规划、建设、更新改造、修缮、调配和运行管理产生纠纷；

(5)园区物业管理服务工作、居民区公共设备设施使用等产生纠纷；

(6)园区饮食卫生、饮食安全、餐饮服务、商品售卖等产生纠纷；

(7)园区疾病防控、医疗保健服务工作过程中产生纠纷；

(8)园区教育培训、幼教服务工作产生纠纷；

(9)园区程控电话、有线电视、因特网等资讯系统建设、运行及用户技术支持方面产生纠纷；

(10)宾招企业住宿服务产生纠纷；

(11)其他相关行为引发的纠纷。

2.法定途径

(1)向相关职责的归口管理部门反映；

(2)向行业监督管理部门投诉；

(3)向法院提起诉讼。

3.主要依据

《民法总则》《消费者权益保护法》《物权法》《食品安全法》《电信条例》《广播电视管理条例》《物业管理条例》等和中国气象局相关规定。

二、揭发控告类

本清单主要是指揭发控告气象部门工作人员违纪、违规、违法行为。

1.具体诉求

(1)违反法定权限实施行政许可、行政处罚；

(2)滥用职权违规审批、核准和备案；

(3)违反规定办理招标投标、违反规定摊派或收取财物；

(4)工作作风、工作态度恶劣造成不良影响的违纪行为；

(5)违规提拔干部、索取或收受贿赂、生活作风问题；

(6)为亲属或关系户谋取不正当利益；

(7)旷工或因公外出逾期造成不良影响；

(8)违反中央八项规定精神，多占住房，超标配车，公款吃喝旅游等；

(9)其他相关违纪、违规、违法行为。

2.法定途径

(1)按照干部管理权限，向本级或上级单位纪检监察部门举报；

(2)按照干部管理权限，向本级或上级单位职能部门举报。

3.主要依据

《中国共产党纪律处分条例》《中国共产党问责条例》《中国共产党党内监督条例》《中国共产党巡视工作条例》《中国共产党纪律检查机关控告申诉工作条例》《党政领导干部选拔任用工作条例》《中共中国气象局党组关于贯彻落实中央八项规定实施细则精神的实施办法》等和中国气象局相关规定。

三、信息公开类

本清单主要是指向气象部门申请公开相关政府信息。

1.法定途径

向相关职责归口管理部门提出。

2.主要依据

《政府信息公开条例》《气象部门政府信息公开办法》和《中国气象局政府信息公开程序(试行)》。

国家级和省级人工影响天气安全责任清单

（气办发〔2019〕6号）

2019年3月21日

根据中共中央国务院《关于推进安全生产领域改革发展的意见》《中华人民共和国安全生产法》《中华人民共和国气象法》《生产安全事故应急条例》《人工影响天气管理条例》等政策文件和法律法规，国家和省级人工影响天气管理和业务机构主要承担以下安全责任：

一、国家级人工影响天气安全责任清单

国家级人工影响天气安全责任清单（见附表1）包括减灾司、中国气象局人工影响天气中心和中国气象局上海物资管理处等国家级人工影响天气管理和业务部门的职责。

（一）落实国家人工影响天气协调会议制度，推动有关成员单位建立联合工作机制。

（二）组织制定和推进实施有关人工影响天气的国家和行业标准、规范和制度。

（三）规划和组织人工影响天气安全管理体系建设，完善国家层面的人工影响天气安全监管机制。监督、检查有关人工影响天气法律、法规、部门规章及规范性文件的贯彻执行，指导、督查地方人工影响天气工作。

（四）规划指导人工影响天气安全防控体系建设，推动地方政府人工影响天气安全应急救援体制建设，指导人工影响天气事故调查处理。

（五）加强人工影响天气作业装备弹药管理，组织实施人工影响天气装备使用许可工作，严格装备弹药质量监管，保障作业安全。

二、省级人工影响天气安全责任清单

省级人工影响天气安全责任清单（见附表 2）包括省级人工影响天气管理、业务部门和下级单位职责。

（一）制订省级年度人工影响天气工作计划，包括年度作业实施及安全生产等工作，报同级政府批准后执行。

（二）建立人工影响天气作业实施单位的条件规定，加强对作业实施单位的备案管理；加强对作业实施单位的日常监管，建立作业实施单位工作评价机制，开展作业实施单位人工影响天气综合能力评价。

（三）建立人工影响天气作业人员从业条件规定，明确从业人员培训组织、作业技能考核和合格标准，并组织实施。

（四）制定人工影响天气作业装备年检、维修、养护制度，组织装备年检以及装备使用、管理、维修、养护检查。

（五）制定人工影响天气作业炮弹、火箭弹的购买、运输、存储、使用制度，建立作业弹药安全保障机制。

（六）落实法规政策、标准、规范和制度，严格执行法规标准，依法、依规、依标开展人工影响天气作业。

（七）落实行业监管责任制，组织安全检查，督促市、县将人工影响天气安全生产纳入地方政府安全防控体系。

（八）制定作业空域申报审批制度，杜绝违规作业，合法、合理利用空域资源。

（九）制定作业公告发布制度，明确内容、指标和发布形式等，督促作业实施单位提前公告，避免发生意外事故。

（十）组织制定多部门参与的事故应急处置和救助预案并开展演练；在实施人工影响天气作业过程中发生意外人身伤害、财产损失时，组织有关部门进行事故调查、处理。

附表：1. 人工影响天气安全责任清单表（国家级）（略）

2. 人工影响天气安全责任清单表（省级）（略）

国家人工影响天气作业飞机业务运行管理办法（试行）

（气办发〔2019〕20号）

2019年9月25日

第一章　总　则

第一条　为了统筹国家和地方需求，确保国家建设的人工影响天气作业飞机安全高效运行，充分发挥作业效益，根据《中华人民共和国气象法》《人工影响天气管理条例》和有关航空管理法律法规，制定本办法。

第二条　本办法所称国家人工影响天气作业飞机（以下简称国家人影飞机），是指由国家发展改革委立项并由中央投资建设，装载相关专业仪器设备用于专业化实施人工增雨（雪）等作业的飞机。

第三条　有关单位在中华人民共和国范围内进行国家人影飞机的调度、使用、保障等业务运行管理相关工作，适用本办法。

有关单位包括：中国气象局人工影响天气中心（以下简称国家中心），国家气象信息中心，各区域人工影响天气中心（以下简称区域中心），各省（区、市）气象局，国家人影飞机托管航空企业。

第四条 国家人影飞机实行中央建设、地方运管、全国统筹、成本补偿的建设运行机制，采用托管方式交由有关专业航空企业执飞，坚持公益属性，充分发挥中央、地方和企业三方面积极性，齐抓共管、确保安全、提升效益。

第五条 国家人影飞机常驻地布局由中国气象局确定并相对稳定，可根据情况适当调整。国家人影飞机由其常驻地所属省（区、市）的气象局（以下简称国家人影飞机常驻省气象局）负责日常运行管理工作。

第二章　职责分工

第六条 国家中心作为资产所有人，承担国家人影飞机资产管理职责，负责飞机人工影响天气的业务技术指导、组织制订国家人影飞机全国调度计划和跨区域联合作业以及安全运行监督检查，组织飞机大修和集约化备件库的建设管理工作，制定国家人影飞机托管招标工作规范并审查国家人影飞机常驻省气象局飞机托管招标技术文件，指导做好飞机保障各项工作。

国家气象信息中心负责全国国家人影飞机作业业务数据共享服务工作。

第七条 区域中心负责牵头组织制订年度区域性飞机作业计划，协调组织区域内国家人影飞机实施跨省（区、市）飞行作业。

第八条 国家人影飞机常驻省气象局是国家人影飞机运行管理的责任单位，承担安全监督管理责任，负责其所管理的国家人影飞机托管招标并签订托管合同，全面落实飞机运行规章制度、人员队伍、督促检查、日常保障和维持经费等各项工作。

第九条 非国家人影飞机常驻省气象局在使用国家人影飞机时，应与常驻省气象局协商落实飞机使用事项并承担相关费用，按照职责分工承担任务期间飞机安全运行的监管责任，负责飞机作业组织工作。

第十条 国家人影飞机托管航空企业按照民航有关法规履行托管合同规定的权利和义务，做好合同约定的飞机适航责任并落实安全生产主体责任以及国有资产的托管责任。

第三章 计划调度

第十一条 拟使用国家人影飞机的省（区、市）气象局均应在每年12月1日前向国家中心报送下一年度国家人影飞机的使用需求。国家中心按照统筹集约的原则，商国家人影飞机常驻省气象局制订年度全国国家人影飞机调度使用计划，于1月15日前印发各区域中心及各省（区、市）气象局实施，并报中国气象局减灾司备案。

第十二条 国家人影飞机在其常驻省（区、市）行政区域内作业期间，由常驻省气象局负责飞机的日常调度并指挥飞行作业。

第十三条 已纳入国家人影飞机年度调度使用计划的，由用机方省（区、市）气象局与供机方国家人影飞机常驻省气象局协商确定该架国家人影飞机调度转场具体安排，并报国家中心和有关区域中心备案。

第十四条 因应急需要使用国家人影飞机的，由用机方省（区、市）人民政府向中国气象局行文提出申请，并附停靠备降机场、作业和保障等相关工作方案。中国气象局组织国家中心、区域中心和有关国家人影飞机常驻省气象局完成飞机调度。

第四章 空域协调

第十五条 国家中心应定期组织召开年度国家人影飞机全国任务保障协调会，统筹协调飞行任务、空域保障等有关工作。

第十六条 区域中心和国家人影飞机常驻省气象局共同与有关空域管制单位建立空管协调制度。

第十七条 国家人影飞机在执行任务期间的空域申请与协调，由当地省（区、市）气象局负责。

第五章 飞机保障

第十八条 国家中心制定国家人影飞机机载设备的维修、标定以及数据质量控制等技术标准和业务规范。建立集约化飞机备件库并逐年滚动建设，与拥有同类机型航空企业进行备件资源共享。指导国家人影飞机常驻省提出飞机大修需求计划并按期完成大修，做好全国国家人影飞机作业业务数据质量的监控、督查工作。

第十九条 国家人影飞机常驻省气象局明确专业技术人员队伍和岗位职责，按照业务规定做好机载仪器设备系统的日常维护保养、标定和数据质量控制等工作，监督托管航空企业做好飞机保障各项工作。

第二十条 国家人影飞机停靠地所在的省（区、市）气象局组织做好国家人影飞机停靠机场、基地使用与后勤保障等工作。

第六章 作业实施

第二十一条 飞机使用省（区、市）气象局商国家人影飞机常驻省气象局确定作业指挥负责人，由其组织完成作业方案设计和现场指挥。

国家人影飞机常驻省气象局应监督托管航空企业和机组在确保安全作业的前提下严格执行作业指挥负责人下达的指令。

国家人影飞机实施区域内跨省作业时，飞机使用省（区、市）气象局应接受区域中心的指导。

国家人影飞机实施跨区域作业时，国家中心应组织协调有关区域中心和有关省（区、市）气象局合理分工、密切合作。

第二十二条 作业人员应经过相应的技术培训，熟练掌握并严格执行机载设备的操作规程，做好作业过程中各项探测和播撒等设备操作以及业务数据、资料的收集与日常管理等工作。

第二十三条 国家人影飞机实时指挥通信、作业效果分析评估等项业务由飞机使用省（区、市）气象局组织实施，按相关业务规范及时上报国家中心。

第二十四条 国家中心商国家气象信息中心制定飞机作业业务数据处理加工有关业务规范。飞机作业业务数据由国家人影飞机常驻省气象局或飞机使用省（区、市）气象局进行质量控制后汇交至国家气象信息中心，国家气象信息中心依托气象大数据云平台实现全国飞机作业业务数据的统筹管理、共享共用。

第七章 经费保障

第二十五条 国家中心编制国家人影飞机大修和备件库建设计划及经费预算，向中国气象局申请安排年度经费。

第二十六条 国家人影飞机常驻省气象局按计划向本地财政部门落实下一年度飞机运行维持经费，经费预算应涵盖飞机托管、本地作业和机载设备维护标定等方面内容。

第二十七条 有关省（区、市）气象局应在申请调用国家人影飞机前落实所需经费，并按约定的时间向供机方国家人影飞机常驻省气象局或有关飞机托管航空企业支付成本补偿相关费用。

国家人影飞机承担党中央、国务院部署的重大活动气象保障任务产生的费用，由中国气象局通过有关经费预算渠道给予成本补偿。

使用国家人影飞机的成本补偿测算参考依据见附件。

第八章　安全管理

第二十八条　国家中心应履行国家人影飞机安全运行的有关责任，严格审核国家人影飞机托管招标技术文件中涉及安全生产方面的内容，定期组织国家人影飞机常驻省气象局对托管航空企业安全生产情况进行监督检查，针对检查出的问题提出整改要求。做好飞机备件库建设和飞机大修有关工作，为飞机性能稳定达标提供保障。

第二十九条　国家人影飞机常驻省气象局应全面履行对飞机安全运行的监管职责，规范飞机托管合同，健全飞机作业管理规章制度并开展日常监督检查，常态化监督检查托管航空企业全面履行安全生产主体责任，督促托管航空企业共同制定安全事故应急预案并组织演练，组织制定安全科学的作业方案规避飞行环境风险，尊重机组对涉及飞行安全方面的意见。

第三十条　国家人影飞机在常驻省以外的其他省（区、市）执行作业任务期间，飞机使用省（区、市）气象局应按照职责分工做好飞机安全生产的监管工作，组织制定安全科学的作业方案规避飞行环境风险，尊重机组对涉及飞行安全方面的意见，监督机组人员履行安全岗位责任。

第三十一条　国家人影飞机常驻省气象局和有关飞机使用省（区、市）气象局应建立飞机安全隐患排查报告制度，组织托管航空企业共同强化对飞机安全隐患的日常检查。对于排查出的安全隐患和出现的重大飞机故障，托管航空企业应及时书面报告给国家人影飞机常驻省气象局，国家人影飞机常驻省气象局接到报告后24小时内将隐患或故障类型以及相应采取的措施等有关情况书面报告给国家中心。

排查出的安全隐患，应按照民航安全生产规程予以整改清除并及时将整改情况报告给国家中心备案。安全隐患未得到有效清除前，禁止实施飞机作业。

第三十二条 国家中心、国家人影飞机常驻省气象局和国家人影飞机使用省（区、市）气象局，应建立国家人影飞机安全管理责任制度，明确安全管理责任和要求，确定岗位责任人，加强安全培训，建立安全管理台账。

第三十三条 国家人影飞机发生的飞行作业安全事故，依照国家相关法规和民航部门安全生产管理规定，追究托管航空企业的安全生产主体责任。

有关部门的事故调查结论表明与气象部门安全管理有关联责任的，由中国气象局对照第二十八条、第二十九条、第三十条、第三十一条、第三十二条所列安全管理要求以及有关规章制度和技术标准，追查有关单位、有关人员履职履责情况，依法追究失职失责者的领导责任、监管责任和直接责任。

第九章 附 则

第三十四条 国家人影飞机常驻省气象局应依据本办法制定国家人影飞机运行管理有关实施细则、业务流程和标准规范。

第三十五条 本办法自印发之日起试行。

附件：国家人影飞机使用成本补偿测算参考依据（2019 年）（略）

特色农业气象服务中心建设与运行管理办法

（气办发〔2019〕25号）

2019年12月3日

第一章　总　则

第一条　为深入贯彻落实乡村振兴战略，提高各地农业气象灾害监测预报预警水平，服务特色农产品优势区建设，推进“一省为主、多省参与、部省联动”的特色农业气象服务中心创建工作，特制定本办法。

第二条　特色农业气象服务中心定位为地方气象部门和农业农村部门的联合服务平台，以优化提升农业气象服务为主要建设内容，不涉及机构编制，没有行政级别。

第三条　特色农业气象服务中心建设遵循成熟一个、认定一个的原则，逐步建立“特优区建到哪里，特色农业气象服务跟到哪里”的分品种分区域特色农业气象服务网络，提高农业气象服务的精准性，实现特色农业气象服务集约化、标准化和品牌化。

第四条　省级气象和农业农村等部门应将特色农业气象服务中心建设纳入特色农业发展、农业品牌建设、农业信息监测预警和农业气象发展的总体规划，制定相关政策措施，形成多元投入机制。

第二章　职责与分工

第五条　中国气象局、农业农村部联合制定特色农业气象服务中心管理办法和考核指标体系，并采取多种形式联合推进建设和运行。

第六条　特色农业气象服务中心建设依托单位为特色农产品主产省的省级气象和农业农村相关机构，成员单位为其他相关省的省级气象和农业相关机构，指导单位为中国气象局国家气象中心和农业农村部信息中心。

第七条　特色农业气象服务中心的运行管理由建设依托单位、成员单位共同负责。建设依托单位的省级气象和农业农村管理部门要牵头组织建立和完善运行管理办法，明确各单位的职责和任务，确保特色农业气象服务中心顺畅运行。

第八条　建设依托单位要会同成员单位编制建设方案，主要内容包括特色农业气象服务观测和试验网络布局、技术合作研发计划、平台建设安排及支持保障措施等，充分利用依托单位和成员单位的资源和队伍创建特色农业气象服务中心。

第九条　特色农业气象服务中心应开展区域和全国特色农业气象监测预报预警等公益性基本服务，有条件的地方可探索开展全球特色农业气象监测预报，定期和不定期发布服务产品，并提供相关气象决策服务信息。

第十条　特色农业气象服务中心应在确保完成公益性基本服务和决策支持的前提下，在政策允许的范围内，利用自身资源通过合作、授权等多种方式开拓农业气象服务市场，积极探索社会化服务模式。鼓励特色农业气象服务中心与特色农产品优势区等开展联合共建。

第十一条 特色农业气象服务中心要按照面向决策和公众的服务以属地为主、面向专业用户的服务可打破属地区域限制原则，由依托单位商成员单位共同建立区域化服务组织协调机制、业务运行机制、收入分配机制和内部激励机制。

第十二条 特色农业气象服务中心负责编制特色农业气象的相关业务服务规范与标准，承担特色农业气象服务技术支持，组织开展全国特色农业气象会商，提供有针对性的气象服务产品，及时提供给相关特色农产品优势区，定期向国家气象中心、农业农村部信息中心报送。

第十三条 特色农业气象服务中心牵头组织申报特色农业气象业务科技项目，牵头开展特色农业气象科研成果业务转化、推广与示范，牵头组织特色农业气象业务技术交流。

第三章 申报、认定与管理

第十四条 特色农业气象服务中心由省级气象和农业农村部门联合申报。中国气象局和农业农村部组织专家对各地申报材料进行评审，并结合现场考察结果择优遴选、面向社会公示，公示无异议后由中国气象局办公室和农业农村部办公厅联合发文确认。特色农业气象服务中心统一命名为“××气象服务中心”（如：苹果气象服务中心）。

第十五条 申报特色农业气象服务中心应符合以下基本条件：

1.建设依托单位所在省份的特色农业发展有优势、有规模、有潜力、有成效，能够有效带动农民增收，特色农产品优势区建设进展顺利。

2.建设依托单位的特色农业气象服务基础好、服务效果突出、技术实力强，初步形成了相关技术规范和业务流程，有稳定的相关国际、国内合作业务，在全国具有一定影响力，能够组织开展定期气象会商、有能力组织提供高质量特色农业气象服务。

3. 建设依托单位从事特色农业气象及相关业务人员不少于5人，其中正高级职称1人(含)以上，或高级工程师3人(含)以上。

4. 成员单位的遴选覆盖国内同领域优势力量，且合作申报的成员单位人才队伍、技术设备、科研成果、服务意识都比较强，愿意与建设依托单位共同开展特色农业气象服务。

第十六条 中国气象局和农业农村部对特色农业气象服务中心建设和运行情况进行动态管理，根据年度绩效考核和每3年一次的综合效能评估结果(具体指标另行制定)，对建设和服务成效显著的予以适当支持，对连续两年年度考核不合格或不能通过综合效能评估的取消特色农业气象服务中心资格。

第十七条 已经认定的特色农业气象服务中心如需对相关信息进行变更，需由成员单位向依托单位提出申请，由依托单位评估后报所在省级气象和农业农村管理部门同意，并报中国气象局应急减灾与公共服务司和农业农村部市场与信息化司备案。

第四章 附 则

第十八条 本办法的解释权归中国气象局应急减灾与公共服务司和农业农村部市场与信息化司。

第十九条 本规定自印发之日起施行，原有办法同时废止。

乡村振兴气象服务专项实施计划（2020—2022年）

（气办发〔2019〕26号）

2019年12月30日

为强化乡村振兴气象服务专项顶层设计，建设满足乡村振兴战略要求的现代气象为农服务体系，统筹规划任务，明确职责分工，推动气象为农服务转型发展，形成专项建设规模效益，制定本计划。

一、总体思路

坚持问题导向、需求导向、效益导向，推进专项建设规模化、特色化发展，聚焦重点区域、重点农产品，集中优势资源，突出发挥专项建设效益。以提升现代农业气象服务能力和效益为核心，坚持趋利避害并举，优化农业气象观测试验站网，发展精准农业气象服务技术，开展农业气象服务标准化和信息技术应用示范建设；推进现代农业气象服务融入高标准农田、“三园三区”建设，融入现代农业生产全链条、产业发展各领域，实现现代农业气象服务转型发展。以强化农村气象灾害预警服务和风险防范能力为重点，发展农村气象灾害风险服务，提高农村气象灾害综合防范水平。

二、基本原则

（一）规划引领、有序发展

围绕乡村振兴战略，聚焦保障国家粮食安全、重要农产品供给及乡村绿色发展、产业发展需求，加强专项建设的顶层设计，统筹规划建设布局和建设任务，因地制宜、彰显特色、梯次推进。

（二）效益导向、聚力发展

坚持需求导向和效益导向，项目资金重点向需求旺盛、建设效益好的省份倾斜，集中优势资源，聚焦重点区域、重要农产品，推进重点任务实施，充分发挥专项建设效益。

（三）突出重点、特色发展

着力区域农业发展特色，围绕粮食生产功能区、重要农产品生产保护区及特色农产品优势区，着力推进现代农业气象服务在智能观测、高效试验、智慧服务的试点示范建设，突出重点、以点带面。

（四）分级负责、协同发展

发挥中国气象局职能司在专项建设中的统筹管理作用，突出省级在专项建设中的主导作用及市县在专项建设实施中的主体作用，国省市县优势互补、分工合作、协同推进。

三、建设目标

到 2022 年，现代气象为农服务体系基本建成，现代农业气象观测、试验和服务技术基础支撑更加有力，农业气象服务供给水平和农村气象灾害风险服务水平明显提升。

——现代农业气象观测业务更加合理，基本实现观测自动化；农业气象试验站设备完善，具备开展试验的基本条件。围绕农业“三区三园”建设，调优农业气象观测站网布局和观测内容，提升 653 个农业气象观测站观测自动化水平；调优 70 个农业气象试验站布局，提升科学实验能力。

——现代农业气象服务关键技术体系科学适用。以大数据分析、指标诊断、模型模拟为标志，覆盖主要粮食作物、重要农产品、主要特色经济作物的现代农业气象服务关键技术体系基本建立；完成新一轮冬小麦、玉米、水稻主产区及主要特色农业主产区农业气候区划、农业气象灾害风险区划。

——现代农业气象服务精准专业，组织多元高效。力争与农业农村部联合创建覆盖5大类29个重点品种(类)的特色农业气象中心；建设100个左右现代农业气象信息技术示范基地，500个左右标准化农业气象服务县；“直通式”气象服务覆盖80%以上的种植(养殖)新型农业经营主体，且其中智慧农业气象服务手机客户端用户占一半以上；创建200个左右“气候好产品”。

——农村气象灾害风险服务能力明显提升，气象防灾减灾第一道防线作用充分发挥。气象灾害预警服务标准化实现县级全覆盖，每个县至少有1～2种覆盖到村且可持续稳定运行的气象灾害预警信息传播渠道。全国30%左右的农村气象防灾减灾标准化乡镇成为全国综合减灾示范社区。

四、建设任务

(一)突出能力建设，夯实农业气象发展基础

1.优化完善现代农业气象观测和试验站网。调优农业气象观测站、试验站网布局和观测内容，653个农业气象观测站观测自动化、智能化水平明显提升。大力提升农业气象试验能力，70个农业气象试验站布局与国家粮食生产功能区、重要农产品生产保护区、特色农产品优势区建设相适应。持续开展冬小麦、水稻、玉米区域联合试验。鼓励各特色农业气象中心以多种方式联合部门内外企事业单位等建设至少1个试验站，并开展业务服务应用试验研究。建设标准化基准业务观测、智能化服务观测与社会辅助观测相互补充的农业气象观测站网及信息传输渠道。

2020年：各省(区、市)气象局依据本地农业发展情况提出需要调整优化的农业气象观测内容和站网布局方案，观测司牵头组织协调推进。各省(区、市)气象局加强现代农业气象观测站网的运行保障，建立观测数据传输通道，按要求汇交相关观测数据。国家气象中心、气科院联合完成冬小麦、水稻、玉米区域联合试验结

果评估。相关特色农业气象中心确定试验站建设内容及试验方案。

2021—2022年：减灾司组织持续推进冬小麦、水稻、玉米区域联合试验及成果应用。择优开展部分特色农业气象试验站建设并开展相关试验，部分特色农业气象试验成果应用取得阶段性进展。到2022年，适应需求、布局合理的农业气象观测、试验站网初步建成、信息传输顺畅。

2.发展现代农业气象服务关键技术体系。建立国省市县农业气象服务指标体系、周年服务方案等的年度更新制度。发展基于物联网的自动化农业气象观测技术、精细化农业气象灾害影响预报和风险预警技术、主要作物病虫害发生发展气象等级预报技术、遥感与作物模型等多源资料耦合的定量监测评估技术、农业气象大数据及挖掘应用技术，可直接应用于田间生产的农业气象适用技术、农业气象服务效益评估和动态反馈技术、精细化农业气候区划技术。逐步构建小麦、水稻、玉米三大主粮及特色农业的遥感监测应用体系。

2020年：各级农业气象业务服务单位完成农业气象服务指标体系、周年服务方案等的更新。国家卫星气象中心、国家气象中心牵头完成冬小麦长势和面积监测技术集成。小麦、水稻、玉米等作物模型基本实现国家级和主产省一体化并开展应用。国家气象中心牵头初步完成精细化农业气候区划技术集成。国家气象中心下发各类格点化农业气象指导产品。相关特色中心确定特色农业遥感监测应用体系内容。减灾司组织收集整理并推广一批新农业气象适用技术。

2021—2022年：国家卫星气象中心、国家气象中心牵头完成水稻、玉米遥感长势和面积监测技术集成。农业气象大数据挖掘应用技术在服务中得到应用。基于卫星遥感、地面观测、统计模型与机理性作物模型在国家、省级得到综合集成应用。农业气象服务效益评估模型初步建立并应用。部分特色农业气象观测和遥感监测应用体系取得阶段性进展。

3.持续推进智慧农业气象业务服务平台建设。发展数据互联互通、产品个性定制、服务特色管理的智慧化农业气象业务服务平台。基于气象大数据云平台建设具备数据共享、数据挖掘、数据展示监控等功能的农业气象大数据应用平台,实现气象、农业等多类信息的汇集共享和应用服务。在CAgMSS技术框架基础上,建设国家级及省、市、县一体化业务平台,实现基于云+端的精细化、智能型、定制式的产品制作服务。建设完善"农业天气通"及省级智慧农业气象服务手机客户端,发展智能精准、分类推送的"直通式"服务。依托中国兴农网,建设智慧农业气象服务产品发布及成果展示平台。

2020年:国、省CAgMSS业务平台基本实现一体化,全国农业天气通APP(基本版)开展服务应用,中国兴农网完成改版。

2021—2022年:智慧气象服务四大平台进一步完善,应用覆盖面进一步提升。

4.开展新一轮精细化农业气候区划。围绕国家粮食安全、种植业结构调整及优势特色产业发展,按照统一标准,构建指标体系架构和定量化的分区方法,国、省两级开展主要粮棉油作物以及特色作物精细化农业气候区划和主要农业气象灾害风险区划,为优化农业区域布局及种植业产业结构调整提供支撑保障。

2020年:国家气象中心牵头完成大豆主产区农业气候区划及农业气象灾害风险区划。相关特色农业气象服务中心牵头完成特色农业主产区农业气候区划及农业气象灾害风险区划技术储备。各省(区、市)气象局依据本省实际情况谋划本地特色农业区划任务。

2021—2022年:国家气象中心牵头完成冬小麦、玉米、水稻主产区农业气候区划及农业气象灾害风险区划。相关特色农业气象服务中心牵头完成特色农业主产区农业气候区划及农业气象灾害风险区划。各省(区、市)气象局依据任务安排完成本省特色农业区划任务。

(二)服务现代农业发展,提升气象服务供给水平

5.提升保障国家粮食安全气象服务的精准化水平。将保障国家粮食安全作为农业气象服务的首要任务。集成大宗粮食作物生产全过程气象保障业务技术,构建全国冬小麦、水稻、玉米、大豆、棉花、油菜等大宗粮棉油作物系列化、无缝隙的农业气象业务客观数值产品体系。重点发展精细化动态产量预报产品,主要粮棉油作物精细化农业气象灾害影响预报、风险预警和定量化监测评估产品,农业病虫害监测预警与气象风险评估产品。

2020年:国家气象中心牵头完成冬小麦、水稻、大豆、油菜等大宗粮棉油作物系列化、无缝隙的农业气象业务客观数值产品技术集成,并下发相关指导产品。国家气象中心下发农业气候年景预估产品。各省至少建立1种大宗作物精细化产品体系,并指导市县开展服务。

2021—2022年:国家气象中心牵头完成玉米、棉花等大宗粮棉油作物系列化、无缝隙的农业气象业务客观数值产品技术集成,并下发相关指导产品。各省(区、市)完成主要粮棉油精细化产品体系建设,并指导市县开展服务。

6.大力发展特色农业气象服务。强化特色农业气象服务关键指标、核心技术、服务产品和服务手段建设,提升特色农业气象服务技术辐射力和品牌影响力。健全特色农业气象服务中心跨部门、跨省区顺畅运行管理的制度。创新特色农业气象服务中心发展机制,因地制宜采取行政推动与社会资源相互结合、公益性服务与市场化服务相互补充、事业与企业相互分工合作等多种方式,推进特色农业气象服务中心差异化、多模式发展。力争到2022年,与农业农村部联合创建覆盖特色粮经作物、特色园艺产品、特色畜

产品、特色水产品、林特产品5大类29个重点品种(类)的特色农业气象服务中心。鼓励各省(区、市)依托已有基础,打造具有区域辐射带动效应的农业气象服务分中心。挖掘地方特色农业气候资源,创建200个左右“气候好产品”,形成适应农业绿色可持续发展要求、助农增收的服务品牌。

2020年:已有各特色农业气象服务中心品牌化建设初见规模。已有各特色农业气象服务中心将关键指标、核心技术等进行集成,制定服务产品名录,优化服务手段,建立健全相关服务标准规范和规章制度。启动第二批特色农业气象服务中心建设。各省(区、市)气象局组织创建80个左右“气候好产品”。

2021—2022年:启动第三批特色农业气象服务中心建设。特色农业气象服务新模式基本形成,特色农业气象服务品牌效应和辐射效应不断扩大。各省(区、市)气象局组织创建120个左右“气候好产品”。

7.持续推进县级农业气象服务标准化能力建设。按照具有基础信息数据库(含农业气象指标体系、农业气象服务方案、农业基础及服务对象信息)、具有现代农业气象服务平台、具有“直通式”智慧农业气象服务手段、具有基层专家联盟、具有多部门合作机制、具有服务效益评估的“六有”标准推进标准化农业气象服务县建设。力争到2022年,标准化农业气象服务县达到500个左右。

2020年:减灾司组织完成标准化农业气象服务县建设基本规范编制,各省(区、市)气象局组织完成100个左右标准化农业气象服务县建设。

2021—2022年:各省(区、市)气象局组织完成400个左右标准化农业气象服务县建设。标准化农业气象服务县的示范效应显著提升。

8.联合打造现代农业气象信息技术应用示范基地。各省(区、市)气象局按照“自愿互惠、共享共用、信息互通、先建后补、优先服务”的原则，有效引导国家粮食生产功能区、重要农产品生产保护区、特色农产品优势区以及农业产业园、科技园、创业园合作开展现代农业气象信息技术应用示范基地建设，并为其优先提供气象监测预警设备、优先提供定制化气象服务、优先推广农业气象适应技术、优先打造“气候好产品”。力争到 2022 年，打造 100 个左右现代农业气象信息技术示范基地，其中大宗作物 40 个左右，特色农业 60 个左右。

2020 年：减灾司组织编制现代农业气象信息技术示范基地相关标准和管理制度，各省气象局组织现代农业气象信息技术应用示范基地创建。

2021—2022 年：每年启动一批现代农业气象信息技术应用示范基地创建，形成多类型可示范、可推广的精准气象服务模式。

9. 推动开展农村产业融合发展气象服务。依托国家现代农业产业园、国家现代农业示范区建设，立足区域优势特色产业，推进农业气象服务链条向产前、产后延伸，以公益与市场相结合的服务模式，推进农产品气候适宜性评价、农产品品质评价、农业保险、电商服务、农产品期货以及物流、存储等环节的气象服务，形成面向农业生产产前、产中、产后的全链条气象服务，为农村一二三产业融合发展提供保障。

任务 9 以市场需求为主开展，不设进度、不安排经费。

（三）服务美丽乡村建设，提升灾害风险服务能力

10. 推进气象灾害预警服务标准化县级全覆盖。推进基层气象防灾减灾“六个一”能力建设县级全覆盖，基于“一本账”“一张图”“一张网”“一把尺”“一队伍”，建设集气象灾害实时监测、预警服务研判、基于阈值的预警服务产品制作发布及信息化流程管理于一体的气象灾害预警服务系统。搭建基层气象灾害预警服务综合管理平台，实现对基层气象灾害预警服务的动态监控、考核与管理。

2020 年:各省(区、市)气象局组织完成所有县的“六个一”能力建设。中国气象局公共气象服务中心牵头建立完善基层气象灾害预警服务综合管理平台。

11. 丰富完善基层预警信息传播渠道。各地因地制宜,通过推动地方政府和开展部门合作方式,建设符合地方灾害防御需求的预警信息传播网络。切实发挥现有广播、电视、手机短信、大喇叭、手机客户端、农村应急广播等信息传播渠道的作用;积极拓展头条、抖音等新媒体平台渠道,利用北斗卫星、5G 通信等先进信息通信技术,发展快速精准的预警信息传播方式。

此项工作要持续推进,各省(区、市)气象局组织各县形成 1~2 种覆盖到村且可持续稳定运行的气象灾害预警信息传播渠道。

12. 推进乡村气象灾害风险服务。联合应急管理部门开展乡村综合防灾减灾示范社区建设,试点开展精细化到乡镇的气象灾害风险区划。加强农村气象灾害风险预警和防范,建立乡村气象灾害风险防范标准规范,推进将气象灾害风险管理纳入乡村治理体系。开展乡村气象灾害风险普查、区划和调查,推进精细化到乡镇的气象灾害风险地图编制试点。发展定量化的气象灾害风险评估方法,推进气象灾害风险的实时动态研判和分析。

2020 年:在试点省份开展气象灾害风险调查、重点隐患排查试点及风险评估、区划试点。

2021—2022 年:完成其他省份气象灾害风险普查和重点隐患排查工作,完成气象灾害风险评估和灾害综合防治区划图编制,建立相对完备的日常调查机制。

五、组织管理

建立国家级统筹规划、省级牵头组织、市级督促管理、县级实施应用的四级管理工作机制。

(一)国家级统筹规划

中国气象局相关职能司负责组织全国专项的总体规划设计和

管理，制定乡村振兴气象服务专项相关管理办法。加强对专项建设和省级组织管理的考核评估，根据评估结果及时调整专项重点任务和实施地区。国家级业务单位负责组织核心技术与基础产品的研发及推广应用，提升乡村振兴气象服务科技内涵。

（二）省级牵头组织

各省（区、市）气象局负责本省乡村振兴气象服务专项工作的组织领导，统筹谋划，组织专家编制本省专项实施计划和年度实施方案，明确乡村振兴气象服务发展方向和重点任务。加强对本省市县的指导和管理，制定专项实施管理细则，明确省市县三级分工，强化省局管理处室组织管理职责及业务单位对专项实施的技术支撑作用。

（三）市级跟踪监管

市级气象部门发挥承上启下的作用，对接本区域现代农业发展和实施乡村振兴需求，根据本省专项实施方案，及时督促指导县级气象部门开展专项实施，开展实施进度跟踪检查和效益评估，建立专项实施台账，及时发现问题解决问题。

（四）县级实施应用

县级气象部门对接当地现代农业发展和实施乡村振兴需求，参与编制专项实施方案，负责专项的具体实施和服务应用，提交应用效益案例，及时反馈专项实施过程中存在的问题，提出改进意见。

地方性法规和
地方政府规章

内蒙古自治区气象设施和气象探测环境保护办法

（2019年11月28日内蒙古自治区人民政府第24次常务会议审议通过）

第一条 为了保护气象设施和气象探测环境，确保气象探测信息的代表性、准确性、连续性和可比较性，根据《中华人民共和国气象法》《气象设施和气象探测环境保护条例》等法律、法规，结合自治区实际，制定本办法。

第二条 本办法适用于自治区行政区域内气象设施和气象探测环境的保护。上位法已经作出规定的，从其规定。

第三条 旗县级以上人民政府应当加强对气象设施和气象探测环境保护工作的组织领导和统筹协调，解决气象设施和气象探测环境保护工作中的重大问题。

第四条 旗县级以上气象主管机构在上级气象主管机构和本级人民政府的领导下，负责本行政区域内气象设施和气象探测环境的保护工作。

设有气象台站的其他有关部门应当做好本部门气象设施和气象探测环境的保护工作，并接受同级气象主管机构的指导和监督管理。

旗县级以上人民政府发展和改革、自然资源、住房和城乡建设、工业和信息化、生态环境等有关部门按照职责分工做好气象设施和气象探测环境保护工作。

第五条 旗县级以上气象主管机构应当加强对气象设施和气象探测环境保护的宣传教育，增强全社会保护气象设施和气象探测环境的意识。

第六条 旗县级以上气象主管机构应当按照规定在气象设施附近显著位置设立保护标志，标明保护要求。

第七条 旗县级以上气象主管机构应当会同同级自然资源行政主管部门制定气象设施和气象探测环境保护专项规划，报本级人民政府批准后依法纳入城市（镇）控制性详细规划。气象设施和气象探测环境保护专项规划应当包含编制依据、保护标准、台站周边建设控制性详细要求等内容。

气象灾害防御中心等气象设施的划定和规划管理，应当纳入城市黄线管理。

第八条 旗县级以上人民政府组织编制或者修改城乡规划时，涉及调整气象设施和气象探测环境保护范围的，应当书面征求同级气象主管机构的意见，气象主管机构应当及时回复书面意见。

第九条 旗县级以上气象主管机构应当定期将本地区设置的气象设施和观测站的类别、地理位置、观测项目、保护标准、保护范围、禁止内容、观测场地平面图等资料向本级人民政府和上一级气象主管机构报告，并抄送同级发展和改革、自然资源、住房和城乡建设、工业和信息化、生态环境等部门和单位。相关资料发生变化时，气象主管机构应当重新报告和抄送。

第十条 旗县级以上人民政府发展和改革、自然资源、住房和城乡建设、工业和信息化、生态环境等部门，对气象设施和气象探测环境保护范围内的项目立项、规划许可、环境影响评价等，应当将项目是否符合法律法规和本办法规定的气象设施和气象探测环境保护要求纳入审查内容。

第十一条 禁止实施下列危害国家基准气候站、国家基本气象站探测环境的行为：

(一)在观测场周边500米范围内设置高压线、无线发射基站、无线电台(站)等干扰源；

(二)在观测场日出或者日落方向设置遮挡仰角大于5°的障碍物。

第十二条 禁止实施下列危害国家一般气象站探测环境的行为：

(一)在观测场周边200米范围内设置高压线、无线发射基站、无线电台(站)等干扰源；

(二)在观测场日出或者日落方向设置遮挡仰角大于7°的障碍物。

第十三条 禁止实施下列危害高空气象观测站探测环境的行为：

(一)在距观测场放球点50米范围内，设置影响气球施放的障碍物；

(二)在制氢室、储(用)氢室周边25米防火间距范围内修建民用建筑物、构筑物和铁路、道路，在50米范围内修建重要建筑物、构筑物和设置火源；

(三)在制氢室、储(用)氢室周围架设与制氢室、储(用)氢室防火间距小于1.5倍电杆高度的架空电力线；

(四)在使用卫星导航系统的高空气象观测站的地面接收设备四周100米范围内，设置对电磁波反射强烈的物体和修建水库、人工湖(河)等水体；

(五)在采用定向天线探测系统(雷达、无线电经纬仪)的高空气象观测站周围，在其高空盛行风下风方向±60°方位范围内，设置对探测系统天线形成遮挡仰角大于2°的障碍物；在其他方位设置对探测系统的天线形成遮挡仰角大于5°的障碍物；

(六)在使用卫星导航系统的高空气象观测站周围，设置对卫星导航系统接收天线形成遮挡仰角大于10°的障碍物。

第十四条 禁止在用于监测中小尺度天气的区域气象观测站周边修建高度超过距观测场距离1/3高度的建筑物、构筑物。

第十五条 在天气雷达站、气象卫星地面站以及其他气象观测站周边修建建筑物、构筑物或者大型设施，应当符合气象设施和气象探测环境的保护要求，不得对气象探测造成影响。

第十六条 单位或者个人在设置、使用无线电台(站)、频率时，应当依法遵守无线电管理、气象设施和气象探测环境保护有关规定，避免对气象无线电台(站)、频率造成干扰。

第十七条 经国务院气象主管机构或者自治区气象主管机构批准迁移的气象台站，在新站址完成建设后，应当经批准迁移的气象主管机构验收合格，由设区的市级气象主管机构向自治区气象主管机构提出新址正式启用申请。

在新站址正式启用和新旧站址对比观测结束前，原站址不得改变用途，不得破坏探测环境。

第十八条 具有特殊地理位置和特殊气象观测条件以及重要气象历史价值的气象台站，不可迁移。

不可迁移的气象台站名录，由自治区气象主管机构组织专家论证并征求相关人民政府和部门意见后拟定和调整，报自治区人民政府确定并公布。

第十九条 气象台站的探测环境不符合保护标准的，旗县级以上气象主管机构应当向本级人民政府提出治理意见，由本级人民政府组织有关部门进行治理。

第二十条 气象设施和气象探测环境遭受破坏时，旗县级以上气象主管机构应当立即向本级人民政府报告。接到报告的人民政府应当采取紧急措施，组织力量修复，确保气象设施正常运行。

因人为原因造成气象设施和气象探测环境破坏的，气象主管机构以及其他有关部门应当依法对相关责任人进行调查处理。

第二十一条　旗县级以上气象主管机构应当采用“互联网+监管”等方式，加强气象设施和气象探测环境保护的监督检查。

第二十二条　违反本办法第十一条、第十二条、第十三条、第十四条规定，危害气象探测环境的，由旗县级以上气象主管机构按照《气象设施和气象探测环境保护条例》第二十五条的规定予以处罚。

第二十三条　本办法自2020年2月1日起施行。

重庆市防御雷电灾害管理办法

（2019 年 6 月 24 日重庆市第五届人民政府
第 53 次常务会议通过）

第一章　总　则

第一条　为了防御雷电灾害，保护人民生命财产安全，保障经济社会发展，根据《中华人民共和国气象法》《气象灾害防御条例》《重庆市气象灾害防御条例》和有关法律、法规和规章，结合本市实际，制定本办法。

第二条　在本市行政区域内，从事防御雷电灾害的活动，适用本办法。

第三条　防御雷电灾害工作遵循预防为主、防治结合的原则，坚持政府主导、属地管理、单位负责。

第四条　市、区县（自治县）人民政府应当加强对防御雷电灾害工作的组织领导，建立健全协调机制，督促各有关部门依法履行防御雷电灾害职责，将防御雷电灾害纳入公共安全监督管理范围，防御雷电灾害工作所需资金纳入本级财政预算。

乡（镇）人民政府、街道办事处应当协助上级人民政府、气象主管机构或者有关部门履行防御雷电灾害职责。

第五条　市、区县（自治县）气象主管机构应当加强对防御雷电灾害工作的组织管理，做好雷电监测、预报预警、雷电灾害调查鉴定、防雷科普宣传、雷电易发区域划分和职责范围内的防雷安全监管工作。

未设气象主管机构的区县（自治县）人民政府应当指定有关部门，在市气象主管机构指导下，做好前款规定的相关工作。

教育、科技、经济信息、住房城乡建设、城市管理、交通、水利、商务、文化旅游、卫生健康、应急、市场监管、通信等部门应当按照各自职责，做好有关防御雷电灾害工作。

第六条 市人民政府应当组织开展防御雷电灾害科学技术研究与开发，推广应用防御雷电灾害科技研究成果，加强防御雷电灾害工作的标准化建设。

第七条 市、区县（自治县）气象主管机构应当利用各类大众传播媒介向社会宣传普及防御雷电灾害知识，增强公众防御雷电灾害意识，提高应急避险、自救互救能力。

学校应当把防御雷电灾害知识纳入教育内容，培养和提高学生的雷电灾害防范意识和自救互救能力。教育、气象、科技等部门应当给予指导和监督。

鼓励法人和其他组织结合实际开展防御雷电灾害知识的科普宣传。

第二章　监测、预警与发布

第八条 市、区县（自治县）气象主管机构应当加强雷电监测和预报预警基础业务体系建设，提高雷电灾害监测预警和防雷减灾服务能力。

第九条 市、区县（自治县）人民政府应当组织气象等有关部门按照合理布局、信息共享、有效利用的原则，建立并完善雷电监测站网。

市、区县(自治县)气象主管机构所属气象台站应当按照职责开展雷电监测,及时发布雷电预报、预警信息。

第十条 广播、电视、报刊、网络等媒体和基础电信运营企业应当及时、准确、无偿将雷电预警信息向社会传播,对重大雷电天气的补充预警信息,有关媒体应当及时插播或者增播。

第十一条 市、区县(自治县)气象主管机构应当根据本行政区域雷电发生情况,划分本行政区域雷电灾害高风险区、较高风险区和一般风险区,并向社会公布。

第十二条 市气象主管机构应当统计分析本市雷电活动及灾害的发生情况,定期向社会发布雷电监测公报。

第三章 雷电防护装置安装与维护

第十三条 建(构)筑物、场所和设施应当按照国家有关技术标准和规定安装雷电防护装置。

新建、改建、扩建建设工程的雷电防护装置,应当与主体工程同时设计、同时施工、同时投入使用。

第十四条 雷电防护产品应当符合国家有关质量标准。禁止销售、安装、使用不合格的雷电防护产品。

第十五条 雷电防护装置设计应当符合国家有关技术标准,并适应雷电活动规律和防护需求。

第十六条 雷电防护装置施工应当符合设计要求,并根据施工进度,分阶段进行检测。

第十七条 已投入使用的雷电防护装置所有权人或者管理人应当承担雷电防护装置管理的主体责任,对雷电防护装置进行日常维护,委托具备相应雷电防护装置检测资质的单位进行定期检测,做好维护、检测、整改记录,保持安全防护性能良好。

雷电防护装置每年检测一次,其中易燃、易爆、危险场所的雷电防护装置，每半年检测一次。法律法规、技术标准有特殊规定的，从其规定。

第四章　防御雷电灾害重点单位管理

第十八条　下列单位应当列为防御雷电灾害重点单位：

（一）易燃易爆物品、危险化学品的生产、充装、储存、供应或者销售单位；

（二）学校、医院、机场、车站、码头以及大型体育场馆、露天演艺场所、游乐场所、会展场馆等人员密集场所的经营管理单位；

（三）电力、燃气、供水、通信、广电等电子设备密集且对国计民生有重大影响的企业事业单位；

（四）AAA级以上旅游景区、世界自然遗产地的经营管理单位，国家二级以上博物馆、全国重点文物保护单位；

（五）城市轨道交通以及悬索桥、斜拉桥等高耸结构类型桥梁的经营管理单位；

（六）大型生产、大型制造业单位或者大型劳动密集型企业；

（七）其他因雷击容易造成人员伤亡、较大财产损失或者发生安全事故的单位。

第十九条　防御雷电灾害重点单位应当承担防雷安全主体责任，加强防雷安全管理，建立各项防雷安全制度，落实防雷安全责任制，明确防雷安全管理机构或者人员，保障本单位防御雷电灾害工作所必需的经费，并加强监督考核。

第二十条　防御雷电灾害重点单位的主要负责人是本单位防雷安全第一责任人，对本单位防雷安全工作负总责。

防雷安全管理机构或者人员应当履行下列职责：

（一）制定防雷安全制度，督促落实防雷安全措施；

（二）组织开展防雷安全隐患排查与整治；

（三）组织开展防雷安全宣传、教育和培训。

第二十一条 防御雷电灾害重点单位应当制定完善雷电灾害应急预案，或者在单位综合应急预案中包含雷电灾害应急内容。

防御雷电灾害重点单位应当每年至少组织一次包含雷电灾害应急内容的演练，并做好记录和存档。

第五章 应急响应与处置

第二十二条 雷电天气时，有关单位根据实际情况，按照相应的防御指引或者标准规范，可以采取以下应急措施：

（一）发出警示信息；

（二）组织人员撤离、对留滞人员提供安全防雷避险场所；

（三）停止作业、切断危险源；

（四）停止营业、关闭相关区域；

（五）其他有效的应急措施。

第二十三条 雷电灾害发生后，市、区县（自治县）人民政府、有关部门应当立即采取措施，按相关程序启动应急响应，开展应急处置。

有关单位和个人应当配合雷电灾害应急处置工作，为应急处置提供便利条件。

第二十四条 遭受雷电灾害的单位和个人应当及时向当地气象主管机构报告灾情，市、区县（自治县）气象主管机构接到雷电灾情报告后，应当组织人员开展雷电灾害调查和鉴定，并按相关规定及时报告同级人民政府和上级气象主管机构，通报同级应急管理部门。

有关单位和个人应当协助气象主管机构开展雷电灾害的调查和鉴定工作。

第六章 监督管理

第二十五条 市、区县（自治县）人民政府应当根据本行政区域防雷安全状况，组织有关部门按照职责分工加强对企业事业单位的防雷安全监督管理，对防御雷电灾害重点单位进行重点检查。

市、区县（自治县）气象主管机构和教育、经济信息、住房城乡建设、城市管理、交通、水利、商务、文化旅游、卫生健康、应急、通信等有关部门，应当按其职责将防雷安全纳入本行业、本领域的安全管理，对防御雷电灾害重点单位执行防雷法律法规、履行防雷安全责任、落实防雷安全管理制度、开展雷电防护装置检查检测以及隐患整改等情况进行指导和检查。

第二十六条 下列建设工程安装雷电防护装置，应当经区县（自治县）气象主管机构设计审核和竣工验收；未设气象主管机构的区县（自治县）由市气象主管机构负责防雷装置的设计审核和竣工验收工作；未经设计审核或者设计审核不合格的，不得施工；未经竣工验收或者竣工验收不合格的，不得交付使用：

（一）油库、气库、弹药库、化学品仓库和烟花爆竹、石化等易燃易爆建设工程和场所；

（二）雷电易发区内的矿区、旅游景点或者投入使用的建（构）筑物、设施等需要单独安装雷电防护装置的场所；

（三）雷电风险高且没有防雷标准规范、需要进行特殊论证的大型项目。

房屋建筑工程和市政基础设施工程雷电防护装置设计审核、竣工验收，整合纳入建筑工程施工图审查、竣工验收备案，由住房城乡建设部门监管。公路、水路、铁路、民航、水利、电力、核电、通信等专业建设工程防雷管理，由各专业部门负责。

第二十七条 从事雷电防护装置检测的单位应当按照《气象

灾害防御条例》的规定取得资质证书，并在资质许可范围内从事雷电防护装置检测活动。禁止无资质承接雷电防护装置检测业务。

第二十八条　雷电防护装置检测单位开展检测活动应当执行国家有关标准，并对检测数据和检测报告的合法性、真实性和准确性负责。

雷电防护装置检测单位不得有下列行为：

（一）超出资质许可范围从事检测活动；

（二）伪造、涂改、出租、出借、挂靠使用、转让资质证书；

（三）伪造、篡改检测数据或者冒用签章，出具虚假检测报告；

（四）转包或者违法分包检测业务；

（五）使用不符合条件的检测人员；

（六）其他违反法律、法规的行为。

第二十九条　市气象主管机构应当建立雷电防护装置检测信息管理系统。

雷电防护装置检测单位应当对检测业务受理、检测数据采集、检测报告出具、检测档案管理等检测活动进行记录，并将相关检测信息录入雷电防护装置检测信息管理系统。

第三十条　市气象主管机构应当建立雷电防护装置检测单位信用管理制度和守信激励、失信惩戒机制，将雷电防护装置检测单位的检测活动和监督管理等信息纳入信用档案，并通过信用信息平台及时向社会公布。

第三十一条　雷电防护装置检测相关协会组织应当加强行业自律，规范行业行为，提高行业技术能力和服务水平。

第七章　法律责任

第三十二条　防御雷电灾害重点单位未建立防雷安全规章制度、未组织开展防雷安全隐患排查与整治的，由气象主管机构或者其他有关部门按照权限责令限期改正；逾期未改正的，可以处1000元以上1万元以下的罚款。

第三十三条 雷电防护装置检测单位在检测中有伪造、篡改检测数据或者冒用签章、出具虚假检测结论等弄虚作假行为的，由气象主管机构按照权限处5万元以上10万元以下的罚款，有违法所得的，没收违法所得；给他人造成损失的，依法承担赔偿责任。

第三十四条 雷电防护装置检测单位未按要求将相关检测信息录入雷电防护装置检测信息管理系统的，由气象主管机构责令限期改正，逾期未改正的，给予警告。

第三十五条 违反本办法规定，造成雷击火灾、爆炸、人员伤亡以及重大财产损失的，应当依法追究有关单位及其责任人员的责任；涉嫌犯罪的，依法移送司法机关处理。

第三十六条 国家工作人员在防御雷电灾害活动中违反本办法规定，玩忽职守、滥用职权的，由其主管部门或者有权机关给予政务处分；涉嫌犯罪的，依法移送司法机关处理。

第三十七条 违反本办法第十三条、第十七条、第二十六条、第二十七条、第二十八条规定的其他行为，法律法规有处罚规定的，从其规定。

第八章　附　则

第三十八条 本办法中下列用语的含义：

(一)雷电灾害是指由于直击雷、雷电感应、雷电波侵入、雷击电磁脉冲等造成的人员伤亡、财产损失。

(二)雷电防护装置是指接闪器、引下线、接地装置、电涌保护器及其连接导体等构成的，用以防御雷电灾害的设施或者系统。

第三十九条 本办法自公布之日起施行。《重庆市防御雷电灾害管理办法》(重庆市人民政府令第78号)同时废止。

云南省气候资源保护和开发利用条例

（2019 年 9 月 28 日云南省第十三届人民代表大会常务委员会第十三次会议通过）

第一章　总　则

第一条　为了规范气候资源的保护和开发利用，应对气候变化，加强生态文明建设，促进经济社会与生态环境协调发展，根据《中华人民共和国气象法》等法律法规，结合本省实际，制定本条例。

第二条　在本省行政区域内从事气候资源保护和开发利用等有关活动，应当遵守本条例。

第三条　本条例所称气候资源，是指能被人类生产和生活所利用的太阳光照、热量、云水、风、大气成分等自然物质和能量。

第四条　气候资源的保护和开发利用应当遵循自然生态规律，坚持保护优先、统筹规划、科学利用、合理开发、趋利避害的原则。

第五条　县级以上人民政府应当加强对气候资源保护和开发利用工作的领导和组织协调，将气候资源保护和开发利用工作纳入本级国民经济和社会发展规划，所需经费纳入本级财政预算。

第六条　县级以上气象主管机构负责组织开展本行政区域内

的气候资源探测、调查、评估、区划等工作以及气候可行性论证、气候资源保护和开发利用的服务、指导和监督管理。

县级以上人民政府有关部门按照各自职责，共同做好气候资源保护和开发利用有关工作。

第七条 县级以上人民政府及其科学技术等部门应当鼓励气候资源保护和开发利用的科学研究，加强对气候资源科研成果推广应用的支持，促进产业化发展和科学技术进步。

第八条 县级以上人民政府应当组织气象主管机构和有关部门，向社会公众普及气候资源保护和开发利用基本知识，宣传气候资源保护和开发利用法律法规以及气候变化应对措施。

第九条 鼓励公民、法人和其他组织参与气候资源保护和开发利用工作，合理利用气候资源，保护生态环境。

第二章 气候资源探测、调查与规划

第十条 县级以上人民政府应当根据气候资源保护和开发利用的需要，加强气候资源探测站(网)建设，为气候资源监测评估提供必要保障。

第十一条 县级以上气象主管机构所属的气象台(站)和有关部门所属的气象台(站)按照职责承担气候资源探测任务。

第十二条 依法从事气候资源探测的气象台(站)、其他组织和个人，应当按照国家有关规定向省气象主管机构汇交所获得的气候资源探测资料。

第十三条 气候资源探测及其资料的收集、处理、存储、传输、发布等，应当符合国家有关标准、技术规范和保密规定。

第十四条 省气象主管机构应当根据气候资源探测资料建立气候资源数据库，为气候资源保护和开发利用提供科学依据，并按照国家规定向社会提供有关资料。

第十五条　省气象主管机构应当根据全省气候资源监测、调查情况，定期向社会公开发布包括基本气候概况、主要气候事件、气候影响评价等内容的气候公报。

第十六条　县级以上气象主管机构应当组织开展本行政区域内的气候资源调查，依据气候资源调查结果和气候风险研究成果，组织开展气候资源评估，编制气候资源区划，为政府、社会提供服务。

第十七条　县级以上人民政府应当根据气候资源区划组织编制并实施本行政区域内的气候资源保护和开发利用规划。

气候资源保护和开发利用规划应当符合国民经济和社会发展总体规划，并与国土空间规划、生态环境保护规划等相衔接。

第三章　气候资源保护

第十八条　县级以上人民政府应当采取生态修复、资源保护、节能减排、城乡绿化等生态环境保护措施，加强森林、江河、湖泊、湿地、草地等生态环境的保护与修复，改善气候环境。

第十九条　县级以上人民政府应当组织气象、生态环境、发展改革、水利、自然资源、农业农村等机构或者部门，对本行政区域及其重点区域的气候承载力、气候资源可开发利用潜力进行评估。

第二十条　县级以上气象主管机构应当加强对气候变化和极端气候事件的监测及其对水资源、生态环境和敏感行业的影响评估，向本级人民政府提出气候资源保护的建议。

第二十一条　下列与气候条件密切相关的规划和建设项目，应当进行气候可行性论证：

（一）国土空间规划；

（二）重点建设工程、重大区域性经济开发项目；

（三）大型太阳能、风能等气候资源开发利用项目；

（四）其他依法应当进行气候可行性论证的项目。

省人民政府应当组织编制需要进行气候可行性论证的规划和建设项目目录。目录中的规划和建设项目在立项审查时，应当有气候可行性论证报告。

第二十二条 从事气候可行性论证服务的专业技术组织在编制气候可行性论证报告时，不得有下列行为：

（一）伪造气象资料或者其他原始资料；

（二）对气候可行性论证报告作虚假记载、误导性陈述或者有重大遗漏；

（三）其他致使气候可行性论证报告失实的行为。

第二十三条 新建、改建、扩建建（构）筑物，应当根据国家应对气候变化的要求，采取保护措施，防止或者减轻对气候环境的破坏，避免或者减轻热岛效应、风害、雷电灾害、光污染和气体污染。

第二十四条 城市的规划和建设应当根据气候可行性论证结果，合理利用空气污染物扩散气象条件，科学设置、调整通风廊道，避免和减轻空气污染物的滞留。

第二十五条 县级以上人民政府应当根据本地气候资源特点、气候资源区划、评估和论证结果，规划气候资源保护重点，制定保护措施，合理规划产业布局、产业聚集区域和重点建设工程项目。

第四章 气候资源开发利用

第二十六条 县级以上人民政府应当根据气候资源区划、气候资源保护和利用规划，因地制宜选择气候资源利用项目，为项目的立项、用地、基础设施建设等提供支持，促进气候资源的科学合理利用。

第二十七条 县级以上气象主管机构应当向本级人民政府及

有关部门提出开发利用气候资源和推广应用气候资源区划成果的建议，为开发利用气候资源项目的勘察选址、建设和运营提供气象监测、评估、预报等服务。

第二十八条 县级以上人民政府及有关部门应当科学规划和合理布局大型风能利用项目，促进风能资源规范有序利用，鼓励引导风能利用企业开展风电功率预报，提高风电利用效率。

第二十九条 县级以上人民政府及有关部门应当科学规划和合理布局大中型太阳能开发利用项目，鼓励引导单位和个人安装使用小型太阳能利用系统。

第三十条 县级以上人民政府在农业产业布局、种植业结构调整和生态建设中应当综合利用气候资源评估和区划成果。引导农民和农业生产经营组织合理开发利用当地气候资源，优化种养结构，提高农业生产效率和效益。

县级以上气象主管机构应当根据当地经济、社会、生态建设和气候状况，组织农业农村等部门做好精细化农业气候区划、农业气象灾害防御、农产品气候品质认证等工作。

第三十一条 县级以上人民政府应当加强人工影响天气作业单位、作业站点设施和装备建设，合理利用空中云水资源。

县级以上气象主管机构应当根据抗旱、储水、改善生态环境和空气质量等需要，适时组织开展增雨雪等人工影响天气作业，提高空中云水资源开发利用能力和综合效益。

第三十二条 县级以上人民政府应当根据当地气候资源特点，采取扶持政策和措施，鼓励引导有关市场主体合理开发利用雨雪景观、云雾景观、物候景观和避暑、御寒、康养等气候资源，发展旅游度假、健康养老等产业。

第五章　法律责任

第三十三条　气象主管机构和其他部门及其工作人员违反本条例规定，有下列行为之一的，对直接负责的主管人员和其他直接责任人员依法给予处分；构成犯罪的，依法追究刑事责任：

（一）在气候资源监测、分析、评估、区划及编制气候资源保护和开发利用规划中弄虚作假的；

（二）对应当开展而未开展气候可行性论证的项目予以审批、核准或者备案的；

（三）因玩忽职守导致气候资源区划、评估报告、气候公报等出现重大错误的；

（四）对违法行为不查处或者查处不力，造成严重后果的；

（五）其他玩忽职守、滥用职权、徇私舞弊的。

第三十四条　项目建设单位违反本条例第二十一条规定，对应当进行气候可行性论证的项目未开展论证，擅自施工建设的，由县级以上气象主管机构责令改正；逾期不改正的，给予警告，并处1万元以上3万元以下的罚款。

第三十五条　违反本条例第二十二条规定的，由县级以上气象主管机构责令改正，给予警告，并处1万元以上3万元以下的罚款；造成损失的，依法承担赔偿责任。

第六章　附　则

第三十六条　本条例自2020年1月1日起施行。

附：

2019年1月1日至2019年12月31日应予废止的气象方面规章和规范性文件目录(10件)

序号	文件名称	文号与发文日期	说　明
1	中国气象局气象科技骨干海外培养项目实施办法(试行)	(气发〔2015〕23号)2015年4月13日	已被(气发〔2019〕45号)2019年6月4日《中国气象局气象科技骨干人才出国访问进修管理实施办法》所代替
2	中国气象局“双百计划”管理办法(试行)	(气发〔2010〕153号)2010年9月21日	已被(气发〔2019〕75号)2019年10月11日《新时代气象高层次科技创新人才计划实施办法》所代替
3	气象部门青年英才培养计划实施办法(试行)	(气发〔2013〕109号)2013年11月26日	已被(气发〔2019〕75号)2019年10月11日《新时代气象高层次科技创新人才计划实施办法》所代替

续表

序号	文件名称	文号与发文日期	说明
4	中国气象局西部优秀青年人才津贴实施办法	(气发〔2010〕147号)2010年9月8日	已被(气发〔2019〕75号)2019年10月11日《新时代气象高层次科技创新人才计划实施办法》所代替
5	气象发展规划管理暂行办法	(气发〔2010〕115号)2010年5月24日	已被(气发〔2019〕84号)2019年10月24日《气象发展规划管理办法》所代替
6	中国气象局职称评定管理办法(试行)	(气发〔2017〕63号)2017年9月15日	已被(气发〔2019〕89号)2019年11月1日《中国气象局职称评审管理办法》所代替
7	特色农业气象服务中心建设与运行管理办法(试行)	(气办发〔2017〕20号)2017年9月6日	已被(气办发〔2019〕25号)2019年12月3日《特色农业气象服务中心建设与运行管理办法》所代替
8	气象部门差旅费管理办法	(气发〔2014〕31号)2014年4月21日	已被(气发〔2019〕116号)2019年12月25日《气象部门差旅费管理办法》所代替

续表

序号	文件名称	文号与发文日期	说　明
9	气象部门政府信息公开办法	(气发〔2008〕138号)2008年4月17日	已被(气发〔2019〕123号)2019年12月30日《气象部门政府信息公开办法》所代替
10	重庆市防御雷电灾害管理办法	重庆市人民政府令第78号2000年4月25日	已被2019年6月24日重庆市第五届人民政府第53次常务会议通过的《重庆市防御雷电灾害管理办法》所代替